现代房地产经济学研究
与问题透视

赵金堂　著

东北林业大学出版社
Northeast Forestry University Press

·哈尔滨·

图书在版编目（CIP）数据

现代房地产经济学研究与问题透视／赵金堂著. — 哈尔滨：
东北林业大学出版社，2023.3

ISBN 978-7-5674-3084-6

Ⅰ. ①现… Ⅱ. ①赵… Ⅲ. ①房地产经济学-研究
Ⅳ. ①F293.30

中国国家版本馆 CIP 数据核字（2023）第 046459 号

责任编辑：于之承

封面设计：文　亮

出版发行：东北林业大学出版社

　　　　　　（哈尔滨市香坊区哈平六道街 6 号　邮编：150040）

印　　装：河北创联印刷有限公司

开　　本：787 mm × 1092 mm　1/16

印　　张：16.25

字　　数：203 千字

版　　次：2023 年 3 月第 1 版

印　　次：2023 年 3 月第 1 次印刷

书　　号：ISBN 978-7-5674-3084-6

定　　价：65.00 元

如发现印装质量问题，请与出版社联系调换。（电话：0451-82113296　82191620）

前　言

近年来，随着我国经济发展速度的加快和发展水平的提高，房地产业作为国民经济的支柱产业，也发展迅猛。房地产行业经历了成长初期、发展期、膨胀期到目前较低迷阶段的发展历程。在房地产行业的膨胀期，很多企业抱着急功近利的想法，轻率地涉足房地产业，导致其还没有真正弄清房地产市场规律时已经难以脱身，甚至有些企业资不抵债，走到破产的边缘。出现这些问题的原因有很多，其中一个很重要的原因就是房地产企业家没有掌握房地产经济发展规律，在房地产行业膨胀后期或衰退初期盲目进入。

房地产经济学与社会主义市场经济理论的关系极为密切，可以说，我国的房地产业是社会主义市场经济的产物，其发展有赖于市场经济的完善和发展。此外，学习房地产经济学还必须了解和把握相关的地租理论、区位理论、城市建设理论、产权理论、市场供求理论、经济周期理论、宏观调控理论等。只有把上述这些相关理论融合起来，综合各方面的知识，才能形成真正的房地产经济理论体系。

本书阐述了房地产相关概念、房地产业在国民经济中的地位与作用，以及房地产经济学的学科性质和研究对象、房地产经济学内容体系和研究方法等内容；对现代房地产经济学相关理论进行综述。由于笔者水平及精力有限，书中难免有疏漏和不妥之处，恳请同行专家和读者批评指正。

赵金堂

2023 年 2 月

目　录

第一章　房地产经济学基础概述

第一节　地租与土地价格

土地是人类社会生产活动中不可缺少的生产要素。在技术水平既定的条件下，其可用的数量又是极其有限的。这样，人类经济生活中首先面临着土地这一稀缺资源如何才能达到最优配置的问题。在市场经济条件下，地租正起着调节土地资源配置的作用，而且地租也是理解房地产经济活动领域中其他范畴的关键所在。

首先，地租是一个经济范畴，是土地使用者为使用土地而支付给土地所有者的代价，这种代价可以以货币的形式表现出来（货币地租），也可以是非货币形式，如土地的生产物（农业中的实物地租），或者由使用土地的一方交易者提供等价资产或劳动（农业中的劳役地租、资产交换等）。地租是土地所有权在经济上的实现形式。

其次，地租又是一个社会历史范畴，在不同的社会形态下，由于土地所有权性质的不同，地租的性质、内容和形式也有很大的差异。封建地租、资本主义地租和社会主义条件下的地租，反映了不同的生产关系。也就是说，地租作为一种经济范畴，不仅反映土地所有者与使用者之间的一般经济利益关系，而且在不同的历史发展阶段表现特定的人与人之间的社会关系，是社会关系在土地方面的直接体现。

在经济学发展的历史过程中，许多经济学家对地租问题做过深入的研究。一般而言，西方经济学中地租理论的发展过程大致上分为三个阶段：一是古典政治经济学阶段；二是庸俗政治经济学阶段；三是现代西方经济学阶段。本节详细介绍马克思主义的地租理论、新古典经济学的地租理论和城市地租理论。

一、马克思主义的地租理论

马克思主义的地租理论是马克思和恩格斯在对古典政治经济学家的地租理论批判性地继承的基础上建立和发展起来的。马克思主义的地租理论主要研究了资本主义农业地租，对城市地租也有所涉及，主要包括资本主义地租的实质、级差地租、绝对地租、垄断地租、建筑地段地租等内容。

资本主义地租是租地农场主为取得土地使用权而支付给土地所有者的超过平均利润的那部分剩余价值。土地所有权垄断是资本主义生产方式的历史前提。实际的耕作者是雇佣工人，他们受雇于租地农场主。作为租地农场主的资本家，为了得到使用自己资本的生产经营场所（土地），要在一定期限内按契约规定，支付给他所使用的土地所有者一定的货币额。这一货币额不管是为耕地、建筑地段，还是为矿山、渔场、森林等支付，通称为地租。租地农场主要支付地租，但并不因此而减少他的平均利润，也就是说，租地农场主取得平均利润，而土地所有者取得超额利润——地租。在这里，土地所有权是地租的前提，地租是土地所有权得以实现的经济形式。

真正的地租与投入土地的固定资本的利息是有区别的，投入土地的资本的存在，一些是短期的，如化学性质的改良、施肥等；一些是长期的，如修排水渠、建设灌溉工程、平整土地、建造经营建筑物等。这种投入土地的资本为土地资本（改良物），属于固定资本的范畴，为改良土地而进行的土地资本投入所支付的利益，可能形成地租的一部分，但这一部分并不构成真正的地租。真正的地租是为使用土地（物质）本身而支付的，不管该土地处于自然状态还是已经被开垦。投入土地且经过较长时间才能损耗尽的长期固定资本，大部分或全部是由租地农场主投入的。但契约规定的租期一满，在土地上进行的各种改良，就和土地本身一起成为土地所有者的财产。在签订新的租约时，土地所有者就把已投入土地的资本的利息，加到真正的地租上，而且不论是把土地租给曾进行改良的原租地农场主，还是租给其他人，地租都要上涨。撇开真正地租的变动不说，这是随着经济发展地租（或土地价格）不断上涨的原因之一。这一过程在建筑地段的使用中表现得更为明显。

租金（或称为契约租金）中可能包括对平均利润或正常工资的扣除，或同时对这两者的扣除。从经济学上来说，扣除的平均利润和工资部分都不能形成真正的地租，但它们可能和真正的地租一起形成土地所有者的实际收入，并且可能和真正的地租一样，对土地价格起决定作用。

地租与借贷资本利息有区别，地租表现为土地所有者出租一块土地而每年得到的一定的货币额，而任何一定的货币收入都可以资本化，都可以看作一个想象的资本的利息，因而地租的资本化形成土地的购买价格。但是，（自然）土地不是劳动产品，因此没有任何（劳动）价值，这个购买价格不是土地的购买价格，而是土地所提供的地租的购买价格。虽然这里资本比率可以按普通利息率计算，但地租的资本比是以地租为前提的，地租却不能反过来由土地价格产生，非交易土地的地租的存在是进行资本化的前提。

（一）级差地租

级差地租是经营较优土地的农业资本家所获得的，并最终归土地所有者占有的超额利润，其来源是产品个别生产价格与社会生产价格的差额，由于这种地租与土地等级相联系，故称为级差地租。

造成土地等级差异的原因大致有三个：一是不同地块在丰度或肥力上具有差异性；二是不同地块的地理位置即区位存在差异性；三是同一块土地上连续投资产生的劳动生产率也有差异性。上述差异使土地客观上具有不同的等级，进而使不同等级的土地在投入等量劳动的条件下形成不同的级差生产力。这种以使用不同等级土地或在同一土地上连续追加投资为条件产生的土地级差生产力是产生级差超额利润的物质基础，从而也成为级差地租的物质条件或自然基础。

在任何情况下，用于农业的土地（首先是耕地）的肥力和位置都是有差别的。劳动者在不同肥力或位置的土地上耕种，其劳动生产率必然有差别。在较优土地上耕种产量高，产品个别生产价格较低；相反，在劣等土地上耕种产量低，产品个别生产价格就相对较高。然而在市场经济条件下，同样产品在市场上是按同一价格销售的。

由于土地面积有限，特别是优、中等地面积有限，仅仅把优、中等地投入农业生产，不能满足社会对农产品的需求，因而劣等地也必然要投入农业生产。进一步说，如果劣等地不投入农业生产，中等地就成了投入农业生产的相对的"劣等地"，结论仍然成立。如果农产品也像工业品一样，由中等生产条件决定市场价格（社会生产价格），那么，经营劣等地的农业资本家就得不到平均利润，最终就要退出农业经营。这样，农产品的产量就不能满足社会需求，价格就要上涨。当价格上涨到使劣等地的经营者也能获得平均利润时，劣等地会重新投入农业生产。可见，为了满足社会对农产品的需求，必须以劣等地条件决定的个别生产价格作为社会生产价格。这样，经营优、中等地的农业资本家的个别生产价格低于社会生产价格，他们就能获得一定的超额利润。

由此可见，级差地租产生的条件是自然力，即优越的自然条件。但自然力不是超额利润的源泉，仅是形成超额利润的自然基础，因为它是较高劳动生产率的自然基础。级差地租产生的原因是由土地有限而产生资本主义经营垄断。正是由于这种有限的优越自然条件被部分经营者垄断，因而其能获得持久而稳定的超额利润。而在土地所有权存在的条件下，这部分超额利润就要转化为级差地租，归土地所有者占有。

因此，在社会整体的需求水平既定时，供给减少，市场价格水平会提高，只有当市场价格提高到使劣等地也能获得同样的平均利润时，才会达到均衡。因此，决定社会生产价格的是投入生产的最差等级的土地的个别生产价格。

随着人口增加和经济发展，一方面，农业用地被非农部门大量占用且日益稀缺，另一方面，农产品又是许多加工业的基本原料来源，社会对农产品的需求很多，这就推动农业日益采用集约化经营方式。实行集约化经营，就是要在同一块土地上连续追加投资，每次投资不同，劳动生产率必然会有差异，只要其高于劣等地的劳动生产率水平，就会产生超额利润。地租额的高低是土地出租时在租约中确定的。地租额一经确定后，在租约有效期间，由农业资本家连续追加投资所生产的超额利润，全部落在农业资本家手里。

（二）绝对地租

在市场经济条件下，生产力低下的劣等地不可能产生级差超额利润，因而也不需要支付级差地租，这是否意味着土地所有者可以不要任何代价将这些土地交给使用者使用呢？答案是否定的，土地使用者仍然要向土地所有者支付地租，否则，土地所有权在经济上将得不到实现。马克思把这种只要使用所有者的土地就绝对需要支付的地租称为绝对地租。事实上，不仅使用劣等地要支付绝对地租，而且在使用中等地和优等地所支付的地租中，也包含着一个绝对地租在内。

绝对地租的实体表现为农业中的超额利润，其来源有两种不同的情况。一是在农业资本有机构成低于社会平均有机构成的条件下，绝对地租来源于土地产品价值高于其生产价格的差额。因此，由于农业的资本有机构成低于工业，等量资本在农业中可吸收较多的劳动力，在剩余价值率相等的条件下，可产生较多的剩余价值。在工业生产中，由于不同部门存在以资本转移为特征的自由竞争，因而能引起剩余价值在不同部门之间进行重新分配，形成平均利润率。而在农业中，由于存在土地所有权的垄断，资本的自由流动受到限制，从而导致农业部门生产的剩余价值不参与平均利润率的形成过程。这样，由于农业资本有机构成低而产生的剩余价值就留在农业部门，构成超额利润，即绝对地租的实体。二是在农业的资本有机构成在赶上甚至超过工业的条件下，绝对地租只能来源于土地产品的市场价格高于其价值的差额。

（三）垄断地租

马克思认为，在资本主义制度下，除了级差地租和绝对地租两种基本地租形式之外，还存在着垄断地租。垄断地租是由产品的垄断价格带来的超额利润转化成的地租。某些土地具有特殊的自然条件，能够生产某些特别名贵又非常稀缺的产品。例如，具有特殊风味的名酒就是用某些特别地块出产的原料（包括水）酿制而成的。这些产品就可以按照生产价格或超过其价值的垄断价格出售。

这时的垄断价格只由购买者的购买欲望和支付能力决定的，而与一般生产价格或产品价值所决定的价格无关。这种垄断价格产生的超额利润，由于土地所有者拥有对这种具有特殊性质的土地的所有权而转化为垄断地租，落入土地所有者手中。

（四）建筑地段地租

建筑地段地租和一切非农业用地的地租一样，是由真正的农业地租调节的。位置对级差地租具有决定性的作用。人口的增加以及随之而来的住宅需求的增加，会使得对建筑地段的需求增加，从而提高建筑地段地租，土地作为空间和地基的价值也将相应地提高。在土地上的固定资本投入（建筑物、铁路、船坞等）也必然会提高建筑地段的地租。不过，作为房屋投资资本的利息和折旧之和的房租，与单纯的地租是完全不同的。在迅速发展的城市内，房地产投机的真正对象是地租，而不是房租。

二、新古典经济学的地租理论

新古典经济学时期流行的地租理论是地租的边际生产力理论。

（一）边际生产力地租

投入土地的资本和劳动是由陆续使用的等剂量构成的。在陆续投入的过程中，陆续使用的各个等剂量所产生的报酬会出现递增、递减或者增减交替的现象，我们把所产生的报酬刚好与耕作者的生产费用相等的这一剂量称为边际剂量。这一剂量刚好使耕作者的资本和劳动获得一般报酬，而没有剩余。它所产生的报酬称为边际报酬。投入土地的总剂量数乘以边际报酬，得出所投入资本和劳动的一般总报酬。

（二）稀有地租和级差地租

从某种意义上说，所有的地租都是稀有地租，也都是级差地租。如果地租被看作土地服务总价值，当其超过所有土地按照边际利用所提供的总服务的差额时，地租就是级差地租。如果把每块土地充分利用到它能被有利使用的程度，也就是说，使用程度达到边际，以至其产品只能以一种价格出售，这种价格刚好等于边际产品的生产成本（费用加利润），而不对土地的使用提供任何剩余，这样，土地所提供的服务（产品）的价格，必然由服务（产品）总量的自然稀缺性和对这些服务的需求（即供求）来决定，而地租则最容易被看成这种稀缺价格总量和产品生产成本总量之差，因此它一般又被视为稀有地租。

（三）城市地租

城市地租等于位置地租加上农业地租。例如，有两个从事同一产业的生产者，他们在很多方面都具有相同的便利条件，但第一个生产者所占有的位置较为便利，因此在相同市场上买卖所需运费较少。假设第二个生产者不存在位置便利，其所使用的土地只是按农业土地缴纳地租，那么第一个生产者的土地位置便利所具有的货币价值，就可能转化为位置地租。第一个生产者缴纳的地租额就等于位置地租加农业地租。

土地所有者的土地收入中包括地租和利润两部分。地租是土地的原始价值或公有价值。原始价值是由自然的原始性质（阳光、热、雨、空气、土地位置等）所形成，虽然其中大都是人为的结果，但这些不是土地持有者造成的。例如，一块土地由于附近人口的激增而立即具有很高的价值，它的所有者并没有做任何努力，这种价值可以确切地称为"公有价值"，它是真正的地租。大部分位置价值（位置地租）是公有价值。土地所有者劳动或投资所创造的那部分价值可以称为"私有价值"，在土地年收入中表现为利润。利润率的大小取决于土地开发投资者所承担的风险。成片开发的风险大于单项开发；个人开发的风险大于政府开发。例如，众多土地所有者联合起来修建一条铁路，这将大大提高他们土地的价值，虽然这种资本用于铁路建设，而可能不是直接投资于自己的土地。一个国家在建立社会政治组织、普及国民教育和开发自然资源方面的投资，也具有相同的性质。

（四）准地租

准地租是指从人类制造出来的特定生产工具中获得的收入。就是说，任何无供给弹性的生产要素都能产生或多或少的具有地租性质的收入。建筑物、特殊机器设备等在短期内供给都可能缺乏弹性，其收入都被称为准地租。

（五）地租与土地产品价格的关系

地租是不是决定价格的成本，取决于我们是从一个企业、一个小的行业，还是从一个大的行业或整个经济范围的角度来看问题。就整个经济或一个大的行业而论，我们可以把使用土地的各种方法归并为一类，土地利用方式自然就是单一的，土地的供给缺乏弹性，地租的大小就取决于对土地的需求（引致性需求），进一步而言，就是取决于对土地产品的需求。地租是引致的，即由土地产品价格决定的。从单一的企业或某些小行业来看，土地利用方式是可以选择的（如种小麦或种树，开发住宅、写字楼、公园或道路），土地的供给有相当大的弹性，地租就是影响土地产品价格的成本。

三、城市地租理论

（一）城市地租及其形态

与农业地租相比，城市地租存在一定的特殊性。

1.城市地租的含义

所谓城市地租，是指住宅经营者或工商企业为建筑住宅、工厂、商店、银行、娱乐场所，租用城市土地而交付给土地所有者的地租。在土地私有制的社会里，城市地租为人们所熟识。在社会主义社会，土地私有制被社会主义公有制所取代。在我国，城市土地属于代表全民利益的国家所有。在相当长的时期内，由于我国没有树立社会主义初级阶段的观念，没有实行社会主义市场经济体制，人们一直把地租看成土地私有制的产物而加以否定，与此相联系，人们在实际工作中实行了城市土地无偿无限期使用制度。改革开放以来，特别是随着社会主义市场经济理论和体制的确立，人们逐渐认识到在社会主义条件下仍然存在城市地租。这是因为：一方面，在我国现阶段，社会生产力还没有极大发展，产品还没有极大丰富，还不具备取消地租的生产力条件；另一方面，城市土地的所有权和使用权仍然处于相分离的状态，在这种状态下，就存在土地所有权如何在经济上实现的问题。当然，在社会主义条件下的城市地租，不属于任何私人所有，而是归社会主义国家所有。进一步说，社会主义土地经营垄断使城市土地级差生产力转化为级差地租，社会主义土地所有权垄断使垄断利润转化为绝对地租。

2. 城市级差地租

城市土地的空间位置包括交通便捷程度、基础设施完善程度、集聚程度、地质水文状况、环境等区位因素，是影响城市级差地租的决定性因素。

这就是说，城市地租与农业地租一样要受级差地租规律的调节。因为在城市土地所有权与使用权相分离的条件下，由于土地经营权被垄断，工业品或劳务的生产价格也将是由城市劣等地生产这些工业品或劳务的个别生产价格所决定的。不过，在农业部门，土地的丰度和地理位置共同起作用，但以丰度为主，由它决定级差地租量的多少。至于城市土地，则不是以丰度为主，而是以地理位置为主，由它决定级差地租量的多少。原因在于城市土地地理位置好坏直接关系占用该地块的经营者的收益高低，同时也取决于该区位所能带来的集聚效益的大小。

所谓集聚效益，从总体上说是指各种群体和个人在地域空间上集中所产生的经济效益。集聚效益可以分成两大类。一类是企业内部的规模经济效益，它适用于单独的厂商。一般来说，企业内部的规模经济效益同该企业在城市土地上所处的位置优劣没有直接联系。另一类是企业外部的集聚效益，它包括区域化经济效益和城市化经济效益两个方面的内容。区域化经济效益主要是指在一个特定的区域空间内，一个特定行业的厂商享受该区域内同类厂商的数量和功能所带来的经济效益。城市化经济效益则具有更广泛的含义，即一个城市地区内全部经济活动对一个厂商的专业化分工协作所产生的经济效益，以及城市提供各种专业服务和城市基础设施等系统功能所带来的经济效益。由此可见，企业的外部集聚效益产生于各企业在城市土地上所处的位置，所处的位置越优越，所获得的企业外部的集聚效益就越大，反之亦然。

具体而言，首先，城市土地位置的优劣决定着企业距离市场的远近、运输时间的长短和运输费用的高低。良好的城市土地区位能保证企业以较低的成本、较少的时间获取生产所需的原材料和运输制成品。其次，城市土地位置的优劣决定着市场容量的大小，从而直接决定着企业销售额。在一定的区域内，城市作为大量人口和企业群体的载体，意味着城市本身是一个巨大的市场，这不仅使处于城市的企业通过充分挖掘本地市场而降低其产品销售成本、配货成本和财务成本，而且由于城市内各个区域的人口和企业，特别是商店的集中程度差异，将导致同一城市内各个不同地段具有不等的级差生产力。

商业地租是城市地租最典型的形态，商业对土地位置最为敏感。作为商业地租实体的超额利润是与商业企业所在位置决定的顾客密度及其营业额等指标呈正相关的。如在中心商业区，消费者的多元购买行为，使各商家彼此连接，形成成线或成片的商业用地，对消费者具有更大的吸引力。在繁华的商业街区经营的商店较之零星散落的商店，更易吸引消费者。这些都造成了同一城市内处于不同位置的土地具有不等的级差生产力。

上述分析说明，城市土地位置优劣不同必然产生不同的级差生产力，较优位置土地的级差生产力必然转化为超额利润。在市场经济条件下，土地所有权和使用权的垄断及其分离，又必然使这种超额利润转化为城市级差地租。

城市土地和农村土地一样，也可以进行集约经营，即在同一块土地上进行连续追加投资，由于各次追加投资生产率不同，形成了级差生产力。在市场经济条件下，由于土地所有权和使用权垄断及其分离，这种级差生产力也必然转化为级差超额利润，进而转化为城市级差地租。在城市经济发展过程中，这种连续不断的追加投资是经常发生的，而且是大量的。首先是国家在城市市政基础上的追加投资，其次是企业的追加投资。由追加投资所形成的级差超额利润，在国有土地有偿出让期间，归企业所有。土地出让期满后，这部分超额利润会转化为级差地租并归国家所有。

3. 城市绝对地租

在社会主义市场经济条件下，仍然存在绝对地租，该结论自然也适用于城市土地，即城市同样存在绝对地租。城市土地所有权由国家垄断，任何企业、单位、个人要使用城市土地，都必须向土地的所有者缴纳地租。这种因所有权的垄断而必须缴纳的地租就是城市绝对地租。

城市绝对地租与农村绝对地租相比具有不同的特点。城市绝对地租主要是由使用城市土地的二、三产业提供的，城市土地是作为二、三产业活动的场所、基地、立足点和空间条件使用的，它的优劣评价尺度主要由位置确定。但是，城市绝对地租的实体与农村绝对地租的实体是一样的，仍然是超额利润，即劳动者创造的剩余劳动价值的一部分。而且，城市绝对地租是由农业地租调节的，确切地说是由毗邻城市或城市边缘地区的农业用地的地租调节的。城市最低等级的土地即为不提供城市级差地租的土地，它处于城市边缘地区，与周边的农业用地相接。相对于农业用地，它曾是农业的优等地，曾经提供农业的优等地租；在它转为城市用地时，农村集体经济组织把土地所有权有偿出让给国家了，因而国家在出让其使用权时有权向土地使用者收取地租，这个地租就是绝对地租。

农村地租是城市绝对地租的基础，因而城市绝对地租的量不是城市最低等级土地作为农业用地时的绝对地租量，而是其作为农业用地时的全部地租，即绝对地租和级差地租之和。因为城市边缘土地是城市土地等级序列中的"劣等"土地，不提供级差地租，但土地使用者仍然要向土地所有者缴纳地租，这个地租就是城市绝对地租。其量的底线则是该土地作为农业用地（优等）时的全部地租，如果这个地租量只包含该土地作为农业用地时的绝对地租量，那么土地所有者就不会改变这些土地的用途。

在城市，由于存在土地所有权的垄断，如果不支付绝对地租，也会阻碍资本的投入。同样，城市绝对地租的实体仍然来源于企业提供的总剩余价值的一部分，即超过平均利润的那部分超额利润。所以，只要这些工厂、商店或银行等为社会所必需，那么这些工厂所生产的工业品，以及这些商店或银行所提供的劳务的市场价格，势必高于其成本价格加平均利润，两者之间的差额就构成城市绝对地租的来源。在城市平均资本有机构成高于农业的条件下，这种绝对地租只能来源于垄断价格，也就是市场价格高于其价值或生产价值的余额。

4. 城市垄断地租

城市地租除了城市级差地租和城市绝对地租这两种基本形式之外，还存在着一种个别的、特殊的地租形式，即城市垄断地租。所谓城市垄断地租，是指城市中由某些特殊地块的稀有功能带来的生产经营商品的垄断价格所形成的垄断超额利润转化来的地租。马克思称垄断地租是一种以真正的垄断价格为基础的地租，这种垄断价格既不是由商品的生产价值决定，也不是由商品的价格决定，而是由购买者的需要和支付能力决定的。因而，具有这种购买欲望和支付能力的人越多，垄断地租也就越多，其价格也就越高。由于土地所有者对这种供不应求的稀缺土地进行垄断，这种超额利润就转化为垄断地租。因这里的商品也只能按照正常价格出售，所以垄断地租不可能来自所出售商品的垄断价格，而是来自优越位置所带来的极高营业额或地上建筑物的特别高的垄断价格。

（二）城市地租的确定

对于城市土地来说，一般有两种实用的评估方法。

1. 级差收益测算法

城市土地级差收益实质上是由土地区位差异所导致的级差地租。虽然土地区位很难进行直接量度，但它可以通过企业的经营效果表现出来。假设所有的企业是同质的，但如果位于不同区位的土地上，由于其生产经营环境不同，等量投入的产出利润也就不会相同，这种差异就是土地区位造成的，亦即在企业的利润中包含了土地级差收益。因此我们可以设法从企业利润中分离出土地级差收益来。

影响企业利润的因素很多，但主要是资本、劳动与土地等要素，因此我们可把企业利润看作这些因素共同作用的结果。

我们通过选取某类企业足够的单位面积利润、单位土地面积上的资金投入量、单位土地面积上的劳动投入量（以工资额计）表示的样本资料，选用适当的教学模型，利用回归分析方法估计出模型参数，就可以测出不同等级土地的级差收益。

2. 租金剥离法

租金剥离法原是指从实际房屋（主要是商业用房）租金中分离出地租，然后再将地租资本化，用以计算地价的一种方法。由于这种方法可以从实际成交的房租中分离出地租，所以我们也把它列入地租评估的一种方法。

房租的理论构成包括折旧费、维修费、管理费、利息、保险费、税金、利润和地租。同质的房屋、同样的管理在繁华程度不同的地段，租金相差悬殊，这只能是由地租不同造成的，这表明达成交易的房租中包含了地租。

（三）地租与城市房地产

1. 地租与土地价格

任何物品要具有价值，就必须是用来交换的劳动产品。自然状态物没有人类劳动投入，因而不存在价值，也没有以这种价值为基础。但是，土地具有特殊的使用价值，在一定的条件下，土地能为人类持久地提供产品和劳务，即产生地租，所以，自然状态的土地的价格不是土地商品价值的货币表现，而只是在土地所有权或使用权转让时由获得这种所有权或使用权的人所支付的一定代价。人们出卖土地，就是出卖土地的所有权或使用权，其实质就是出卖在未来一定时期内源源不断地取得地租的权利。因此，土地价格就是指能带来同地租等量的利息的货币额，即地租的资本化。

2. 地租与房地产价格

在通常情况下，我们理论上可以将房地产价格分解为两部分，即土地价格和不包含土地价格在内的建筑物价格。但在实践中，建筑物价格和土地价格是相互包含在一起的，很难分离开来。日常生活中所称的房价事实上已将地价包含在内了。由此，根据上述地租和土地价格关系的基本理论可知，地租对房地产价格有着非常重大的影响。可以说，地租变动直接影响着房地产价格，引起房地产价格上下波动。在其他条件不变时，地租水平提高，将使房地产价格上涨；反之，地租水平降低，将使房地产价格下降。

3.地租与城市房地产开发

开发一般是指以各种自然资源为对象，通过人力加以改造，以达到满足人类生产生活需要的一种活动。简而言之，房地产开发主要是指以土地与房屋建筑为对象的人类生产活动。

在市场经济条件下，城市房地产开发的目标就是追求经济效益、社会效益和生态效益的综合平衡和优化。从房地产开发企业的角度而言，其主要是追求经济效益（即利润）的最大化。而地租水平的高低，或者土地价格的高低，是影响房地产开发成本的重要因素。从政府的角度而言，地租是城市土地使用者选择用地的信号和指标，土地使用者将根据地租水平的高低和变化调节自己的用地行为和方向，因而地租可以作为政府调节城市土地利用的有力杠杆，可以促进城市土地资源的合理配置。

第二节　区位理论

一、区位的含义、分类及特征

（一）区位的含义

区位一般有狭义和广义两种含义。狭义的区位是指特定地块（宗地）的地理和经济空间位置及其与相邻地块的相互关系，广义的区位是指人类一切活动，包括经济的、文化教育的、科学的、卫生的一切活动以及人们的居住活动的空间布局及相互关系，通俗地说就是人类活动所占有的场所。

区位理论就是研究地块地理和经济空间的位置分布、相互关系及其影响因素的学说。随着经济发展和分析技术进步，各国经济学家对区位问题的研究也日益深入。

（二）区位的分类

1. 以区位经济活动内容为标准进行分类

（1）农业区位。农业区位是指以农业经济活动为基本内容或以土地的农业利用为特征的区位。

（2）工业区位。工业区位是指以工业经济活动为基本内容或以土地的工业利用为特征的区位。

（3）商业区位。商业区位是指以商业经济活动为基本内容或以土地的商业利用为特征的区位。

（4）住宅区位。住宅区位是指以住宅的开发经营活动为基本内容或以土地的住宅利用为特征的区位。

（5）其他区位。其他区位如金融保险业、通信服务业、交通运输业、教育文化业等经济性产业的区位。

2. 以区位的空间范围为标准进行分类

（1）宏观区位：即从宏观尺度来考虑、选择的区位。它一般是以某个城市或某个区域为基点，在一个国家的范围内来选择的。如房地产商在选择哪个城市作为发展的基地时，实际上就是在作宏观区位的选择与设计。

（2）中观区位：即从中观尺度来考虑、选择的区位。它一般是以某个城市内的某片城区为基点，在其城市范围内来选择的。

（3）微观区位：即从微观尺度来考虑、选择的区位，即选择某项经济活动在某个具体的地段上展开。它一般是以具体的地段或地点为基点，在一个城市的某片城区范围内来选择的。

（三）区位的特征

1.区位内涵的多重性

区位既包含地理的概念，又包含自然环境、经济、社会等概念，它是以自然地理位置为依托，以人类经济活动以及人类对经济活动的选择和设计为内容的。

2.区位的动态性

区位的自然地理位置是固定不变的，但是区位由于具有了自然环境、经济、社会等内涵而处于动态变化之中，因为构成区位的自然环境及经济性、社会性因素一直处于变化之中。例如，原是偏僻小镇的深圳，由于改革开放成为中国的经济特区，其区位经济性、社会性特征发生了很大的改变，其区位等级有了巨大的提高。

3.区位的层次性

从区位的选择与设计的内涵出发，我们可以将区位分为宏观、中观和微观区位。

4.区位的等级性

区位的等级性即区位质量等级性。区位质量是指某一区位给特定经济活动带来的社会效益、经济效益的高低，往往由区位效益来衡量。所以区位的等级性，是针对某一类经济活动而言，区位效益的好坏与区位质量的高低呈现因地而异的差异性。

5.区位的稀缺性

区位的稀缺性是指人类在进行经济活动时，优良区位总是供不应求。区位的稀缺性是导致区位需求者之间进行激烈的区位竞争的根本原因，对商业区位来说尤其如此。

6.区位的相对性

同一区位会因区位经济活动类型的差异而产生不同的区位效益，使得区位质量不同，即区位质量的好坏具有相对性。如城郊风景优美的山地对别墅式住宅开发来说是优良区位，但对于商业活动而言却是一个劣等区位。

7.区位的设计性

区位的设计性是指区位具有典型的人为设计色彩。人类可以根据自身经济活动的需要，发挥主观能动性，在不违背生态和经济规律的前提下改善区位质量，提高区位效益。如房地产开发商可以在住宅小区建造小区花园和文化娱乐设施，以提高住宅小区的美学价值和文化品位，进而提高住宅区位质量。区位的动态性和设计性特征要求我们科学地制订和编制城市土地利用规划和城市规划，以提高对城市区位发展变化的预见性和引导性。我们应按照规划的要求，通过对旧城区的改造和再开发、对新城区的建设，合理发展房地产业，优化商业、金融、信息等产业部门的布局，达到优化土地区位利用、提高土地利用效率的目的。

二、区位理论的形成

区位理论是关于人类经济活动的场所及其空间经济联系的理论，是研究人类经济活动的空间选择与设计的基本法则，反映了探索一定空间内经济活动分布、组合以及区位深化的基本规律。简单地说，区位理论就是探讨人类经济活动空间分布法则的理论。区位理论是在研究土地利用问题的过程中逐步产生和发展起来的，是人们土地长期利用过程中的经验概括与总结，是人们做好土地利用工作的理论基础。同时，人们正确认识区位理论，对于深入理解级差地租与土地价格的变化规律，以及企业合理选址、城市功能分区和房地产开发项目选位都有着非常重要的作用。

三、农业区位理论

（一）"孤立国"假设

①孤立国建立于一个面积相当大的区域内，其土地面积是一定的，而且全部作为农业用地经营，以获得尽可能高的纯收益为目的。②孤立国实行自给自足，只有一个城市，该城市位于其中心，也是全国农产品的消费中心。③孤立国周围是荒地，城市和郊区只有陆上道路相通，交通手段是马车。④土壤肥力、气候条件、农业技术条件和农业经营者能力是对等的。⑤市场谷价、农业劳动者工资、资本利息是均等的。⑥运输费用与农产品质量以及农产品从生产地到消费市场的距离成正比。

（二）杜能圈

"杜能圈"共包括六个同心圆，各个圈由内到外分别是：①第一圈为自由农业区，接近中心城市，距市场最近，运费低，适于生产易腐、不易长途运输或者质量高、单位价值低，必须及时消费的农产品，如蔬菜、牛奶、花卉等，集约度和收益最高；②第二圈为林业区，单位产品体积大、质量高、运费高，主要供应城市燃料；③第三圈为轮作农业区，以集约方式种植农作物，实行两年轮作；④第四圈为谷草农业区，生产非集约化的谷物、牧草；⑤第五圈为三圈式农业区，实行粗放的三年轮作，并有33%的荒地提供体积小、不易腐烂、易于运输的加工农产品；⑥第六圈为畜牧业区，用于放牧，还可实行粗放种植业。六圈以外的荒地，由于距离市场过远，供狩猎用。

四、工业区位理论

工业区位理论是关于工业企业合理选址的理论。"区位因素"可以划分为三类。

（一）一般性区位因素和特殊性区位因素

即对每一种工业生产都有一定意义的因素即一般性区位因素，只对某些部门有意义的因素即特殊性区位因素。

（二）区域因素、集聚因素和分散因素

区域因素决定企业的布局，而集聚和分散因素影响企业的联合性和协作性。

（三）自然技术因素和社会文化因素

韦伯认为，对企业生产成本起决定作用的因素只有运输费用、工资成本和集聚因素，并通过设定一定的假设条件，分析这些因素对企业的影响。其主要内容可以概括如下。

1. 假设条件

（1）所研究的区域单位是一个孤立的国家或地区；

（2）这一区域除工业区位的经济因素外，其他因素如地形、气候、种族、技术、政治制度等都相同；

（3）工业所需的原料、燃料、劳动力供应地和消费区为已知，且其他矿藏生产条件、产品需求量、劳动力供应状况和工资不变（但不同地区的工资有差别）；

（4）运输方式为铁路运输，且运费与运距和运载重量成正比。

2. 三个法则

（1）运输区位法则。

厂址应选择运输成本最低的地点。运费决定于两个因素：一是距离远近，其与运费成正比；二是原料性质，即原料是常见性还是稀有性的。根据原料的基本特征，韦伯将其分为两大类：一类是广布原料，即到处都有分布的常见性原料，对工业区位没有影响，如粮食、水、土、空气等；另一类是限地原料，即只在个别地区有分布的稀有性原料，对工业区位有重大影响，如煤、铁及其他矿藏。韦伯进而把稀有性原料分为两种：一是纯粹原料，加工后基本上成为制成品，很少失重；另一种是失重原料，在生产过程中大部分损失掉，不会转换到制成品中去。在此基础上，韦伯提出原料指数概念，其定义为运进工厂的稀有性原料与运出工厂的产品总质量之比。①当原料指数小于1时，即工厂生产采用稀有纯粹原料，其运进工厂的物质总质量小于运出工厂产品的总质量，为节约运费，工厂应设在消费中心区。②当原料指数大于1时，即运进工厂的原料总质量大于运出工厂产品的总质量，为节省运费，工厂应设在稀有性原料产区附近。③当原料指数等于1时，即运进工厂的物质总质量与运出工厂产品的总质量相等，工厂设置既可选择原料产地，也可选择消费地，或两者之间的任何一点。此外，如果工厂需要两种主要原料，而且两者都是稀有的失重原料，其产地与市场位置不在一条直线上，情况比较复杂，但基本原理同上，不再赘述。

依此原理，韦伯对一个市场和一种稀有原料地、一个市场和两种稀有原料地以及一个市场和多种稀有原料地等不同情况进行了分析，并提出了著名的"区位三角形"模式（即区位三角形的三个顶点分别为两种稀有原料的产地和市场的所在地，工业区位应设在总运费最低的一点），用以证明和选择运费定向区位。

（2）工资成本法。

韦伯在单纯考虑费用因素对工业区位的影响后，加入了工资成本因素，对上述工业区位模型进行修正。当某一地点由于工资费用非常低而对企业有利时，可将企业市场区位从运费最低点吸引到工资成本最低点，使运费定向区位产生第一次空间"偏离"。但是只有当工资成本节约额大于运费增加额时，工厂才会从运费最低点移向劳动供给点。

假定一个工厂，从运输成本出发，选择某一区位作为理想的厂址，但发现别处的工资较低，于是需要把增加的运输成本和节约的工资作对比。如果每吨运输物所增加的运输成本大于所节省的工资成本，工厂不应当迁移；如果每吨运输物所增加的运输成本小于所节省的工资成本，工厂则应把厂址迁至工资较低地区。

（3）集聚法则。

工业企业的规模经济、分工协作与资源共享所产生的集聚经济效益，使集聚因素对工业区位选择产生重要的影响。而分散因素是与集聚因素同时并存、方向相反、相辅相成的，它同样会对工业区位的选择有重要影响。因此，若干工厂集中在一个地方，在产生显著的集聚经济效益的同时，一方面会使地租、房租等增加，另一方面也带来城市的污染和环境的恶化。一般来说，集中程度越高，分散因素的影响就越大。一个地点的工业集中程度是"集中因素"和"分散因素"两方面力量相互作用的结果。韦伯认为，集聚经济效益的产生，首先是由于企业规模扩大所带来的大生产的经济效益或成本的节约。其次，几个工厂集中于一个地点能给各工厂带来专业化的利益，如专门的机器修理与制造业可为各工厂服务，专门的市场使各厂享有购买原料方面的协作与便利等优势。最后，集聚因素带来了外部经济利益的增长。

如同工资成本可以改变工业区位的选择一样，集聚（分散）效益也可以使运费和劳动力定向的区位发生第二次空间偏离，将工厂从运费最低点引向集聚地区或分散地区。如果集聚（或分散）获得的利益大于工业企业从运费最低点迁出增加的费用额，企业就可以进行集聚和分散。

五、中心地理论

（一）中心地理论的基本观点

中心地是向居住在它周围地域（尤指农村地域）的居民提供各种货物和服务的地方，一般是指城镇的所在地。中心地的职能指由中心地提供的货物和服务的种类。中心地理论的基本观点是，城市形成于一定数量的生产地中，中心地是向周围区域居住的人口供应物品和劳务的地点，而且不同级别的中心地应遵循一定的等级分布规律。

（二）假设条件

在建立中心地模型之前，克里斯塔勒也提出了一系列假设条件：①所研究的区域是无边界的平原，土地肥沃，资源、人口和收入均匀，对货物需求、消费方式都是一致的；②有一个统一的交通系统，交通费与运距成正比，人们朝各个方向移动都可行；③生产者和消费者都是经济行为合理的人；④消费者到离他们居住地最近的中心地购买他们需要的货物和服务，为此付出的实际价格等于销售价格加上来往的交通费用。

（三）六边形网络等级体系

任何一个确定级别的中心地生产的某一级产品或提供的某级水平的劳务，都有大致确定的经济距离和能达到的范围。

最便于提供货物和服务的地点，应位于圆形商业地区的中心，因为对于一个孤立的中心地的市场而言，圆形是最合理的市场区图形，圆的半径是最佳的服务半径。但在多个中心地并存的情况下，圆形就不再是最合理的市场区图形，因为这时相邻中心地的服务范围会产生空白或重叠交叉，从而达不到最佳的效果。克里斯塔勒从几何学上，根据周边最短而面积最大和不留空当的原理，推导出市场区最合理、最有效的图形是正六边形。同时，中心地由于提供的货物和服务有高级、低级之分，对周边地区的重要性也不同。低级中心地的门槛较低，最大销售距离和范围较小；高级中心地的门槛较高，最大销售距离和范围较大。因此，克里斯塔勒认为，不同货物和服务的提供点都能够按照一定的规则排列成有序的等级体系，一定等级体系的中心地不仅提供相应级别的货物和服务，还提供所有低于那一级别的货物和服务。

按照克里斯塔勒的理论，可以想象，几个分别定位在一个生产商周围的小交易区顺次地聚集在一个较大的市场中心周围，这些较大的中心又会聚集在更大的中心周围，结果是形成村庄、城镇和大城市的蜂巢状分布结构。

六、市场区位理论

（一）决定城市土地区位的主要因素

不管是农业经济活动、工业经济活动还是商业经济活动，其空间分布规律的分析与区位经济活动的决策，都是为了追求对特定区位土地的投资收益，均是对土地的区位经济利用。

随着城市化水平的日益提高和房地产业的快速发展，城市土地区位已变得越来越重要，特别是商业用地显示出强烈而且敏感的区位效益，下面我们对城市土地区位因素进行分类分析。

人类活动并不是均匀地分布在地球表面，而是局限在局部地点（场所）。究其原因，不同的场所并非都能满足人类从事某项活动的要求，即不同性质经济活动的场所有着不同的区位因素。所谓区位因素，是指影响区位经济活动的诸种因素，又称为区位因子。不同类型的区位，其区位因素组合不同；同一区位因素对不同经济活动的区位决策的重要性也不同。城市土地区位因素按影响的空间范围可以划分为一般因素、区域因素、个别因素三类，也可以按性质划分为自然区位因素、经济区位因素、社会和制度环境区位因素三个方面。

1.一般因素

所谓一般因素，是指对一个城市具有普遍性、一般性和共同性的区位因素。这些区位因素对城市内具体地段的区位影响不具有差异性，但它们决定各个地块的总体效益和基础水平，影响一个城市在全国或地区中的宏观区位质量。

（1）自然区位因素。

①宏观地理特征。

宏观地理特征主要指一个城市在国家或地区中的位置特征，如是否沿江、沿湖、临海、沿边境，是否位于首都、省会、经济特区、政治中心、经济中心等。它会影响一个城市的发展基础和发展潜力，影响原材料、产品等的运距，进而影响运费。它是决定和形成土地区位的最基本因素。

②宏观自然地质条件。

宏观自然地质条件主要指城市整体范围内的地质构造、土质、地形和地势情况等。地质稳定坚固，土质坚实，地势平坦，有利于各类建筑物的建造，从而对土地区位产生积极的影响。

③宏观自然环境条件。

宏观自然环境条件主要指城市整体地貌、水文、气候等。它对有产业、旅游、居住等方面特殊要求或用途的土地区位产生影响。

④自然资源状况。

自然资源状况指矿产资源和旅游资源等情况，相应地对工业区位和旅游业区位产生影响。

（2）经济区位因素。

①总体人口状况。

人口状况对土地区位的影响是多方面的，这里主要介绍城市总人口数量、总体人口密度和人口素质状况的影响。

总人口数量包括常住人口、上班人口和流动人口。它关系劳动力市场和消费市场的总规模。人口密度是单位土地面积上的人口数量，直接反映的是人地之间的相互关系。由于人是最活跃的因素，对土地区位的好坏会产生重大影响，人口数量越大，人口密度越高，购买力越强，越有利于商业中心的形成。人作为城市基础设施的使用者，也只有达到了一定的人口数量和密度，才开始配套建设比较完善的城市基础设施和服务设施。从这个意义上讲，人口数量越大，人口密度越高，土地利用的集约化程度越高，土地的区位就越好。

值得注意的是，人口的聚集效益是有一定限度的。当人口密度超过了合理的环境容量，非但不能继续产生新的效益，反而会使城市环境恶化，导致交通拥挤、市容脏乱，从而影响土地的区位。因此城市必须保持一个合理的人口密度，才能有利于自身发展，使城市土地发挥最佳的经济效益。

人口素质是人口的收入水平、受教育程度、职业等的综合反映，直接或间接对土地的利用发生作用，影响土地条件的变化。

收入水平的差异直接影响人们的消费水平，决定人们对房地产产品标准的要求，影响土地的利用效益。人们受教育程度以及从事职业的差别，直接影响人们的消费观念与消费水平以至于影响土地的利用效益。

区位质量一般与人口数量、人口密度和经济收入成正比，人口数量大、人口密集和收入水平高的地域是区位选择的最佳候选地。大城市成为主要区位候选地的原因之一就在于此。

②交通和通信状况。

交通和通信状况指城市对外（其他城市、地区和国家）的交通和通信条件。它是决定城市土地区位的重要因素，不仅关系原材料采购、产品生产和销售过程中的费用、时间及便利程度，也关系企业能否及时准确地获得经营决策所需要的经济信息。

③经济发展状况。

经济发展状况是一个综合性因素，可以用国民收入、物价变动、利率水平、消费水平等指标的变化来衡量。总体来说，经济发展状况好、水平高有利于提高区位效益与区位质量，反之亦然。

（3）社会和制度环境区位因素。

①土地与住房政策。

土地制度规定着土地所有者、使用者以及其他主体对土地的占有、使用、收益以及处置等权利，直接影响各个主体的经济行为。合理有效的制度，不仅有利于土地的合理配置与对土地的有效开发和利用，以便产生土地最大的利用效益，也能保证各利益主体的权益，有利于社会的安定，以便创造良好的经济环境。我国土地使用制度由无偿使用到有偿使用所带来的巨大变化，诸如城市土地的高效、集约利用，土地市场机制的建立与发展等，为国民经济的发展奠定了重要基础。

②总体社会状况。

社会状况指政治安定状况、社会治安程度等。政治安定，政局稳定，社会治安情况良好，则房地产投资的运转渠道正常，投资风险小，可以增加房地产投资者的信心，带动地价上涨。政局不稳，则会直接影响房地产投资成本的收回和利润的获取，影响对房地产的投资。

③行政区划。

行政区划的变化主要有两种情况：一是行政级别升格；二是行政界限的变更。行政级别升格意味着投资环境的改善以及投资机遇的增加，这将有利于提高地区的地价水平；行政界限的变更，如将原属于较落后地区的地方划归另一较发达地区管辖，同样会增加投资的机会，有利于地区投资环境改善。

④城市规划。

合理安排好城市各类用地，是城市规划的主要内容。虽然规划涉及的土地利用是未来的目标，但土地区位的优劣在现实的土地市场中就会表现出来。例如在城市郊区的农地，一旦被城市规划确定为近期开发的建设用地后，其地价就会急剧上升，自然这些土地区位也就变得越来越好。

⑤土地利用计划。

政府的土地利用计划直接影响土地一级市场的供给状况，并对整个房地产市场的供求关系产生重要的作用。合理的土地利用计划，会促进土地市场的运作，带动地价的上涨；不合理的土地利用计划会干扰土地和房地产市场的正常运转，阻碍市场的发展。

⑥政府政策。

政府的税收政策、金融政策对房地产投资有直接影响，可以起到抑制投资或促进、鼓励投资的作用。

2.区域因素

区域因素是指对一个城市内部某个城区具有普遍性、一般性和共同性的区位因素，它同样对城市内具体地段的区位影响不具有差异性。区域因素决定城市的中观区位特征。

（1）自然区位因素。

①区域地理特征。

区域地理特征是指城市内部某一相对独立的地理特征，如地理上或行政上的一个区域在城市中的位置特征，是否在城市中心区、是否在开发区等。它决定了一个区域土地区位的总体特征，是形成区域土地区位的最基本因素。

②区域自然环境。

区域自然环境是指城市内部某一区域的自然环境。一个区域内自然环境状况良好（如有充足的园林绿地），会对净化空气、美化环境、改善城市小气候、丰富城市居民室外活动起到积极的作用。区域自然环境是城市环境与生态系统的主要组成部分。在工业化和城市化的过程中，环境问题不仅影响着城市的发展，涉及居民的切身利益，同时也直接影响土地区位的优劣。

（2）经济区位因素。

①区域人口状况。

区域人口状况是指城市某一区域内的人口状况，主要包括人口密度和人口素质因素。

在一个城市中，人口密度和土地区位的关系基本遵循以下规律：城区人口密度最高，边缘区次之，郊区最低。与此相对应，土地区位也随之由城市中心向外逐渐变差。因而，区域人口密度对区域土地区位的影响是明显的。区域内人口素质对区域土地区位也有很大影响。人口素质高，受教育程度、收入水平和职业地位一般也高，因而人们在居住环境、文化娱乐、日常生活等方面有较高的要求和消费能力，进而影响土地的利用程度。

②繁华程度。

所谓繁华，是指城市某些职能的集聚对各企业和居民产生巨大引力的结果。

繁华地区能创造高额收益和利润，在形式上则表现为人们在城市生活中交往最频繁、最活跃。由于商业集聚具有很大的吸引力，而且获得的级差收益最高，商业服务设施的集聚程度可以用来代表繁华程度。

商业服务业的集聚程度可以用商业的集聚经济效益表示。商业的集聚经济效益主要来源于它的互补性。在一个中心商业区里，通常集中分布着数百家不同类型的商店及相应的服务设施，由于商品繁多，服务项目齐全，能够满足各种社会需求的物品几乎应有尽有，可供选择的余地大，因而具有很大的吸引力，能够形成巨大的客流量。而顾客多又意味着收益多、利润高。商业集聚的互补性还表现在，顾客到中心商业区的目的绝非光顾一家商店，大部分人都要进行综合利用，会产生冲动性购买。这就是为什么商业集聚中心吸引的顾客及赢利要比分散布置的商店高得多的原因。

③通达程度。

所谓通达，就是把通行距离和时间作为一个整体，既要求通行距离短以节约运费，又要求有四通八达的交通网络，把出行时间减少到最低程度。

反映通达程度的因素主要包括道路功能、道路宽度、道路网密度、公交便捷度和对外设施的分布状况。

④市政设施完善程度。

市政设施包括城市基础设施和城市公用设施。城市基础设施主要指交通、能源、给排水、通信、环境保护、抗灾防灾等设施，是城市发展必不可少的物质基础，其配套程度和质量直接影响生产生活等城市功能的正常运转。城市公用设施与城市居民正常生活和工作有密切关系，包括医疗、教育、银行、邮政、商业、服务业、行政管理机构等设施，对城市的经济效益和社会效益能产生间接影响。

（3）社会和制度环境区位因素。

①区域社会状况。

区域社会状况主要是指城市中某一区域内的政治安定状况、社会治安状况、社会风俗和道德状况等。区域社会状况良好，有利于吸引人们来投资、置业、安家，形成良性的小环境，带动房地产价格和地价上升，使土地区位向好的方向发展。

②土地使用限制。

土地使用限制指城市规划以及环境保护等对土地开发、利用的各项条件的规定，会对土地的区位造成影响。

3. 个别因素

个别因素是指与宗地直接相关的因素，只包括自然区位、社会和制度环境区位两个方面的因素。个别因素决定土地的微观区位，即决定地段地块的区位质量。

（1）自然区位因素。

①微观地理特。

微观地理特征是指具体宗地坐落地点的特征，是决定和形成具体地块区位的最基本因素。如居住用地周围是否安静，是否风景秀丽，是否面向绿地、公园、广场、海滩，出入是否方便，等等；商业用地是否在商业集中区，是否临街，位于十字路口还是丁字路口，以及临街的宽度、道路状况等，都对土地利用的充分程度、经济收入产生直接影响。

②微观自然地质条。

微观自然地质条件是指具体地块的地形、坡度、土地承载力、排水状况、地质构造等，它直接影响土地的使用条件和价格。

③微观市政设施。

微观市政设施主要指具体地块所在地的各项设施条件，它影响土地的投资效益。

④宗地形状。

一般来说，规则的宗地要比不规则的宗地好用，而在规则的宗地中又以长方形（长宽的比例要适当）的利用效果最好。

（2）社会和制度环境区位因素。

社会和制度环境区位因素只包括宗地使用限制因素一项，主要是指城市规划对宗地利用的限制，包括对用途、容积率、建筑密度、建筑高度等条件的限制。因为涉及对土地的利用程度和地价，它对微观土地的区位也具有较大的影响。

（二）房地产业的区位选择

人们对土地用地区位的选择在很大程度上取决于区位因素条件的好坏，区位是相对于区位主体即土地用途而言的。土地用途不同，区位因素也不同。例如，在选择工业区位时，原料、能源、运输、市场、资本、劳动力等一般是主要的区位因素；而在选择农业区位时，光照、温度、土壤、劳动力、交通以及市场则构成主要的区位条件。区位因素还会随时间而变化，例如，就工业区位选择而言，由于交通运输技术的发展、工业活动本身制造工艺技术进步以及生产中的物耗水平和投入比例的变化，区位选择中的原料、能源、运输等因素的地位相对下降，相反，劳动力（尤其是高技能劳动力）、地区智力密集程度、市场等因素地位大大提高。

1.工业用房地产宏观区位的选择

工业化、城市化高度发展的现代社会市场，是一国范围内高度统一的市场。随着经济全球化，各国积极参与国际合作与竞争，日益形成国际统一的大市场。

所以，工业用房地产的区位选择是全国性乃至世界性的，是一种宏观区位选择。从国内角度看，它的区位选择除了取决于国家的产业政策外，更主要取决于国家工业的宏观空间布局。国家工业的宏观空间布局确定了，工业用房地产的宏观区位选择也就随之确定了。

如前所述，决定和形成工业用房地产区位的因素很多，但影响其区位选择的主要因素有原料、能源、运输、市场、资本、劳动力等。因此，在进行工业用房地产宏观区位的选择时，我们一般可采用原材料指向、能源指向、市场指向、原材料与市场双重指向、科技指向等来安排工业部门的布局。

原材料指向的工业，一般在产品生产过程中原料失重程度大，单位产品的原料消耗量大大高于产成品的质量，同时，还有部分原料不宜运输和储藏，因而从事农矿产品加工的工业，一般都要求布局在原料产地。能源指向的工业在生产过程中单位产品能耗大，能源消耗占总成本的比例高，故一般要求布局在能源产地。市场指向的工业与原材料指向的工业正好相反，需要长途运输的原料在生产过程中失重程度小甚至增重，产成品不宜运输的，如从事玻璃、家具、大多数食品、消费品等生产的工业企业，一般要求布局在消费地。科技指向的工业是指产品的科技含量高，需要科技助推和智力支持的工业，如生物工程、计算机等高科技产业，一般要求布局在科研单位及高等院校集中、劳动力素质高、环境优美的城市里。

在具体对工业宏观区位进行布局时，我们要应用可行性研究方法对各种方案的技术经济指标进行测算和比较，力求选出最优的实施方案。另外，对工业区位的宏观布局除考虑技术因素外，还应参考社会生产力的平衡，在特定情况下还要考虑军事、政治等因素。

2. 城市房地产中观区位的选择

城市房地产中观区位的选择主要是在城市内部功能分区的基础上，完成各类房地产的区位选择。城市一般可分为商业区、工业区、居住区等若干功能区。

（1）商业区。

商业区一般在城市中心、交通路口、繁华街道两侧、大型公共设施周围。在大城市和特大城市，商业区又划分为中央、区和街等不同层次和规模。在中央商业区又逐渐形成了中央商务区，其中心为由规模较大的银行、保险公司和财务公司组成的金融"核"或金融中心；该中心外的第一层是规模较大的工业、商业企业的总部或机构，第二层是为这些核心公司及其办公机构提供会计、律师、咨询、广告、经纪、市场顾问等服务的公司。中央商务区主要具有如下特征：①区域内汇集的大公司及机构（如商业公司、银行、保险公司、公司总部以及各种咨询机构等）种类繁多，影响范围很大；②土地区位形成全市标准区位，地租（地价）最高，劳动力成本也较高；③客流量和信息流量高度集中；④基础设施和各种配套设施完善。

企业在中央商务区可以减少信息的不确定性，获得更多更全面的信息，有利于迅速、准确地做出决策，还可以获得大量的外部经济服务。如中央商务区各类大公司高度集中，大大扩展了市场规模，从而可以获得大量高质量、低成本的税收、法律、财务和其他方面的咨询服务，随时获得各种专家的帮助，分享交易厅、交易所等提供的种种好处。

企业在中央商务区外侧则是一般的商业区。这里仍然是高地价区位，其特点是交通和通信特别方便、市政基础设施完善、人口流量大等。

（2）工业区。

根据各种工业的特点、污染状况、占地面积等，工业区可以分内圈工业区、外圈工业区和远郊工业区。内圈工业区在中央商业区外侧，主要从事高档的服装、首饰、食品、精密仪表等的制造，其占地面积小，主要面向本地消费市场，又要求与中央商务区的企事业机构建立密切联系，及时了解市场信息并获得技术支持。外圈工业区里的工业一般装备有自动化生产线，机械实行平面布局，产品体积大，所需仓库和厂房较大，产品多属标准化的定型产品，是适于大批量生产（如家用电器等）、技术要求高、对环境污染较轻的工业，包括大部分轻工业和重工业中的机械制造、金属加工业等。其多处在城市的边缘地区，这里地价低、交通便利，距离住宅区也较近。远郊工业区一般集中了规模大、占地多、污染严重的工业，如冶金、炼油、化工、重型机械制造、发电（原子能核电厂）和造纸等工业。

（3）居住区。

居住区是人们生活、休闲的场所。它一般位于中央商业区与内圈工业区之间，也可以设在内圈工业区与外圈工业区之间。随着生活水平的提高，人们对居住环境的要求也日益提高，因此居住区应满足以下要求：一是交通便利；二是环境幽雅舒适，区内无煤气厂、化工厂、石油站，无三废，无噪声源；三是治安良好；四是文化教育设施齐备；五是采购、娱乐方便；六是人际交往方便。

3. 城市房地产微观区位的选择

房地产开发商和投资者、使用人、银行利用区位理论，可以确定当地市场范围内风险较小或优势更大的区位，可以深入了解具体项目的特定区位与总体环境的关系，以便更好地评估预期收益的风险和机会。政府可以利用区位理论提供的依据，对房地产微观区位选择进行调控，以提高土地利用效率。

（1）城市房地产微观区位选择的标准。

我国城市房地产开发的主体是房地产开发投资企业，主要投资于商业房地产和居住房地产，其区位的选择标准如下。

①选择商业房地产微观区位的标准：

a. 应处在商业区，以利于利用其外部经济效益；

b. 至少一面临街，街道标准较高，路况较好；

c. 交通及通信方便；

d. 有足够的人口流量；

e. 有较大的增值潜力。

②选择居住房地产微观区位的标准：

a. 周围的自然环境应幽雅、舒适、清静，如果临水及靠近绿地则更好，高档住宅多选择在起伏不平或小山较多的地方；

b. 交通、通信和人际交往方便；

c. 生活服务配套设施齐全；

d. 有便利的购物、出行条件；

e. 有良好的社区文化环境，包括完善的文化娱乐设施、健康而积极的风俗习惯和良好的治安状况；

f. 具有较高的增值潜力。

（2）微观区位的选择与土地的最佳用途。

所谓土地的最佳用途，是指特定的城市区位的土地可为整个城市带来最大经济效益的用途，即它不仅要考虑微观单位获得的经济效益，还要考虑宏观上的社会效益和生态效益。对于一宗具体区位的城市土地来说，虽然其用途可能有很多种，如用作工业用地、商业用地、居住用地或其他类型用地等，但在这些用途中必然存在一个最好的用途（单一的或两种以上相结合的用途）。因此，我们在选择微观区位时，应尽量使其达到最佳用途，以实现城市土地资源的优化配置。

（3）政府对土地微观区位选择的调整。

为正确引导各微观经济利益主体的行为，规范其在土地利用中的市场竞争秩序，提高土地的利用效率，国家和各级政府应以土地所有权者或管理者的身份实施其调控职能。具体的调控手段和途径为：①运用土地利用规划来约束和规范各土地使用者的选择行为，将其纳入国家宏观优化配置土地资源的轨道中。②利用经济手段，主要是运用地租机制或税收政策来引导各用地者的用地行为，这些政策措施可对各微观经济利益主体的土地使用决策产生明显影响，促使城市土地空间布局得到优化，使全社会获得最大的经济效益、社会效益和生态效益。

4.区位选择的注意事项

房地产开发投资量大，回收期长，投资地点即区位的选择准确与否，在房地产开发直至销售的全过程中举足轻重。由于区位选择对房地产投资决策的成败具有重大影响，所以企业在选择区位过程中必须进行大量的市场调研和科学的分析归纳、筛选整理，从而做出正确的决策判断。

房地产业的发展有赖于地方经济的发展，地方的经济发达，其房地产业也随之兴旺。就全国而言，国家区域发展战略及生产力总体布局在这方面起着很重要的作用。国家重视哪些区域城市的发展，哪些区域城市就会成为经济增长的热点地区，从而必然成为房地产投资的优势区位。

我们必须对城市中影响区位的环境进行研究。这种研究的内容包括交通状况、地块的规模及形状、地貌、市政配套及区域的发展潜力等。其中对交通状况的研究十分重要。交通状况与区域的发展潜力密切相关，也会对市场产生深远的影响。某地交通滞后，人们不愿去那里购房，房价也不会很高；交通一经改善，人们纷纷去那里购房，房价也就随之上扬。

此外，容积率及绿化布置、市场配套等因素也会影响选址的质量。

当前，我国城市房地产区位选择要特别重视三个方面。首先，注重区位升值潜力分析。现在，房地产界形成一种共识，即认为并不是越接近市中心搞开发取得的收益越高。企业选择某地块进行开发，往往要做升值潜力的分析，权衡利弊，在科学的基础上进行决策。其次，选择区位应具有超前意识，特别要注意对交通、服务网点等公共设施的深层分析。如有些开发企业得到某交通线路将要开辟或延伸的消息后，马上对该信息进行了解、摸底、分析、归纳，做出准确判断，确定在沿线某区域选址开发，结果取得较高收益。再次，选择区位要运用定量定性相结合的办法。我们对任何地块均无法用好或坏予以简单判断，对区位的选择只能以定量和定性相结合的办法才能做出合理判断。定量在这里是指价格判断，由于不同区位价格不一，不宜用较恒定的价格来划分选择地块的标准，高房价、高地价是相对而言的。定性则指某地域开发项目性质的确定。如企业在 CBD 搞住宅开发，显然与整个区域环境不相协调，而在边缘地区建造高级写字楼，恐怕也难以维持。只有将定量和定性相结合，混合分析地块的区域特征、周边环境、交通状况、价格情况、增值潜力等各种相关因素，企业才能准确选址，为成功投资奠定基础。

（三）土地区位与房地产业发展

1. 区位理论在房地产业发展中的作用

区位理论为房地产业的发展提供了理论指导，房地产业的发展必须遵循土地区位规律。在宏观方面，政府为了保证社会的整体利益及城市规划的整体实施，促进房地产业的健康发展，必须使不同地区或地段的所有土地获得最佳用途，从而取得最佳的经济效益、社会效益和生态效益。这些都决定了房地产业的发展必须遵循城市土地区位规律。在微观方面，房地产企业为了实现利润最大化，必然要寻找最佳的城市土地区位，购买能够取得最大效益的区位土地，而事业单位、机关和居民也会寻找在经济上能承受又适合自己活动的最佳位置的房地产。可见，无论从宏观角度，还是从微观角度，土地区位理论都对房地产业的发展起到积极的指导作用。

从城市发展的历史来看，城市土地区位最初是自发形成的，随着工业化、城市化的发展，城市土地利用中不利的、消极的外部因素的产生、发展及其日益累积，引起了社会的注意并开始由政府加以一定程度的控制。城市土地区位的形成越来越受到人们自觉行动的影响。因此，在一定程度上，城市土地区位是可变的，随着决定城市土地区位的因素的变化，其方向可能趋向更优的区位，也可能趋向衰退，丧失原来的区位优势。所以，在房地产业的发展过程中需要政府的宏观调控，以使其发展遵循土地区位规律，提高土地的使用效益。

此外，每一宗特定区位的城市土地都可以有多种用途，并有一个最佳用途。前已述及，制定城市土地利用规划就是要使城市不同区位的土地实现其最优用途，并逐步调整那些使用不合理的土地用途，以达到城市土地资源的优化配置。所以，城市土地利用规划需要遵循城市土地区位形成和变化的基本规律。

由此可见，区位理论在房地产业发展中的作用主要表现在两个方面：一是能够指导整个城市规划，包括土地利用及城市建设工作；二是能够指导房地产企业及房地产用户更好地进行区位选择，从而取得良好的经济效益和社会效益。

2. 土地区位和城市规划

（1）土地区位与城市土地利用规划的相互关系。

城市土地利用规划的实质就是人类自觉地运用区位规律，合理安排土地使用的方向和规模，以获取最大的效益。从土地合理利用而言，必须实行土地规划的原因有四点。一是土地的稀缺性。随着经济的发展，人们对土地的需求越来越多，而土地的有限性、差异性和固定性等特点又限制了土地的供给，使土地成为一种稀缺的资源。二是土地的区位可变性。三是土地的报酬递减性。在一定的技术水平下，人们连续在一块土地上投资，超过一定限度，就会引起成本增加、收益递减。四是土地经营的垄断性。一宗土地一旦给某人使用，其他单位和个人就不能使用。

此外，从保护、优化生态环境角度来看，也必须实行土地规划。生态环境是由自然生态系统和人工生态系统组成的。人工生态系统在很大程度上是受城市经济系统制约的。人们如能根据生态规律来安排土地的使用，那么生态环境会得到保护，并不断优化，反之就会破坏生态环境。从城市土地规划角度看，我们必须重视土地区位的地域差异。土地的自然特性决定了自然条件和包括土地在内的自然资源的差异性，也就是不同地区的自然条件和资源条件是存在差异的。自然条件在城市中主要指地形、地貌、地质等，它们在不同的地区是不同的，在房地产开发过程中对不同地形地貌的开发成本差异极大。资源条件主要是指气候资源、水资源、土地资源、生物资源、能源和矿产资源等，其也因地而异。在此情况下，我们只有充分、合理地运用当地的各种资源条件才能使土地配置达到最佳状态。

在现实经济中，土地资源的自然空间和历史上对土地的开发、利用，逐渐形成了土地区位的经济差异或效益差异，即在特定地点或某几个同类地点进行某种经济活动，比在其他地点进行这种经济活动能获得更大的利益和更高的效率。在城市土地利用中存在着强烈的区位效益差异。区位经济差异是由自然条件和社会经济条件即社会经济活动中的一系列因素造成的，如资源质量优劣，距离市场或城市中心区的远近，交通通信便利程度，人口密度大小，环境条件好坏，基础设施配备情况，等等。各种用地的不同区位与布局可产生不同利润，为了追求利润最大化或成本最小化，开发者就要比较选择最优用途，即同一宗土地有不同用途，就要按照比较利益原则，找出效益最佳的用途。可见，城市土地规划只有符合土地区位规律，才能符合土地最优利用的原则。

（2）住宅区位与城市规划。

城市住宅建设的区位选择要服从城市土地利用总体规划和功能分区规划。在城市中，良莠不齐的土地区位，产生不同的使用价值，带来不同土地区位的级差收益。在市场经济条件下，这种级差收益就转化为级差地租。在级差地租的调节下，城市土地的空间布局就表现出一定的规律性。各经济主体、居民对距离市中心远近不同的地段愿意或能够支付的地租数额是不一样的。金融业、商业、服务业在市中心具有较强的竞争能力，故金融业、商业、服务业用地位于市中心，需要支付高于其他任何活动区的地租；向外依次是工业、住宅、郊区农业用地。就住宅用地而言，越靠近城市中心，其租金水平就越高，占地面积也就越小；越远离城市中心，租金水平就越低，相对前者所占的面积就大。因此，在城市级差地租杠杆的调节下，住宅用地的区位选择有一定的向外移动的特性。

（3）非住宅区位与城市规划。

根据住宅房地产规划，非住宅房地产按照提供服务的性质可以划分为以下几类：工业用房，商业及服务业用房，城市文化教育、卫生、体育事业用房，行政办公及其他公共建筑等。一般来讲，我们在制定规划时应当注意以下几个方面的问题。

第一，城市非居住用房发展规划要服从城市土地利用规划和城市发展总体规划的基本要求。如果建设过程中没有统一严密的规划，就会造成城市土地使用不合理、城市各项建设设施配套不齐全等后果，则城市各项建设的协调性被打乱，城市的功能不能充分发挥，城市的性质和特点也就无法体现，进而对城市的生存和发展造成严重威胁。

第二，城市非居住用房规划必须体现综合开发的原则，即建设的统一性和有序性。统一性表现在开发建设中高度的统一规划、统一征地、统一设计、统一施工和统一组织管理，主体各配套工程同步进行；有序性指协调城市非居住用房内部及其与居住用房、城市基础设施等外部设施的比例关系，使它们有计划、按比例地协调发展，避免城市建设的无政府状态。

第三，城市非居住用房发展规划要突出公共建筑设施配套功能。可以说，公共建筑设施是构成居住区良好室外环境的物质基础，是使住宅区生活有序、稳定的重要条件。

第三节　市场理论

市场理论又称厂商均衡理论，是管理经济学中最为重要的一个理论，研究消费者和厂商之间的交易行为如何共同决定产品的价格和产量。

经济分析将不同的市场结构分为四种类型，即完全竞争市场、完全垄断市场、垄断竞争市场和寡头垄断市场。不同的市场结构对产品价格和产量有不同的影响。

一、完全竞争市场的厂商均衡

完全竞争又称纯粹竞争，完全竞争市场是一种竞争不受任何阻碍与干扰的市场结构。所谓完全竞争市场，必须同时具备以下四个条件：①存在大量的买者和卖者；②产品是同质的；③资源自由流动，厂商进出容易；④生产者和消费者具有完备的市场知识。

（一）完全竞争市场上的短期均衡

从短期看，由于生产规模既定，厂商不能根据市场需求调整其全部生产要素，整个行业的厂商个数也相对稳定，因此，整个行业中的产品可能出现供不应求或供过于求的状况。

对单个厂商而言，要按利润最大化原则决定产品的产量，厂商均衡的条件是边际收益等于边际成本。当整个行业的产品供不应求因而市场价格高时，厂商均衡可能实现超额利润；当整个行业的产品供需平衡时，厂商均衡可实现正常利润（超额利润为零）；当整个行业的产品供大于求因而市场价格低时，厂商可能亏损，厂商均衡可使亏损最小。当市场价格降低到使厂商产品的需求曲线正好与边际曲线和平均可变曲线的交点相交时，表示厂商的总收益恰好可以收回全部可变成本，而固定成本不能得到任何补偿，此交点为厂商短期均衡的停止营业点，如市场价格更低，则厂商的亏损更大，因此厂商将终止生产。

（二）完全竞争市场上的长期均衡

从长期看，各个厂商都可以根据市场价格通过调整资源配置和生产规模来调整产量和产品的生产成本，或者通过自由进出某个行业从而改变整个行业的供给状况和市场价格。当整个行业的产品供不应求因而价格高时，各个厂商都会扩大生产，其他厂商也会加入该行业进行生产，从而使整个行业的产品供给增加，导致价格水平降低；当整个行业的产品供过于求因而价格低时，各个厂商会减少生产，一些厂商会退出该行业，从而使整个行业的产品供给减少，导致价格水平提高。通过完全市场竞争，整个行业达到供求均衡，单个厂商既不可能继续获得超额利润，也不可能继续出现亏损，厂商的产量也不再调整，从而实现了长期均衡。

二、完全垄断市场的厂商均衡

完全垄断市场是指整个行业的市场完全处于一家厂商所控制的状态。它主要有以下特征：①市场上只有唯一的厂商生产和销售某商品；②该厂商生产和销售的商品没有任何相近的替代品；③其他任何厂商不可能进入该行业；④垄断厂商是产品价格的制定者。

（一）完全垄断市场上的短期均衡

在完全垄断市场上，虽然具有垄断地位的厂商可以通过对产量和价格的控制来实现利润最大化，但同时也受到市场需求的制约，所以厂商仍要按边际收益等于边际成本的原则确定产量。当产量决定之后，短期内由于生产规模既定，厂商难以完全按市场需求变动而进行调整，因此仍可能出现供不应求或供过于求的状况，所以在短期均衡时同样可能出现厂商获得超额利润、正常利润或出现亏损三种情况。

（二）完全垄断市场上的长期均衡

从长期看，厂商可以通过调节产量与价格实现利润最大化。厂商长期均衡的条件是边际收益与长期边际成本和短期边际成本都相等。

三、垄断竞争市场的厂商均衡

完全竞争与完全垄断是两种极端的市场结构，而绝大多数行业既包括竞争因素，也包含垄断因素。垄断竞争是仅与完全竞争的第二个条件不同，而其他条件与之都相同的一种市场结构，即各厂商的产品不同质，存在一定的差别，这些差别主要表现在产品的质量、款式、颜色、包装、品牌以及销售条件等方面的不同，从而对消费者产生不同的心理影响，因此每一种产品都能以自身特色在一部分消费者中形成垄断地位，每个厂商对自己的产品都享有一定的排斥其竞争者的垄断权利。产品差别是指同一种产品之间的差别，因此它们之间又有很高的替代性，从而会引起竞争。此外，垄断竞争市场具有众多的生产者和消费者，加上资源可自由流动和信息畅通，所以垄断竞争市场十分接近于完全竞争市场。

（一）垄断竞争市场上的短期均衡

为了实现利润最大化，完全竞争市场上的厂商需要选择的变量只是他的产（销）量；完全垄断市场上的厂商需要确定的变量是产品的产量或产品的价格。垄断竞争市场上的厂商可以选择的变量有三个，即产品的售价、质量和销售费用。当实现短期均衡时，厂商获得超额利润、正常利润或出现亏损都是有可能的，这取决于厂商在均衡产量下的平均成本是小于、等于还是大于销售价格。

（二）垄断竞争市场上的长期均衡

从长期看，垄断竞争市场上的厂商也可以通过调整生产规模来调节产量，而且其他厂商也可以进入或退出该行业。

四、寡头垄断市场的厂商均衡

寡头垄断是同时包含垄断因素和竞争因素而更接近于完全垄断的一种市场结构。它的特点是：①一个行业只有几家大厂商，每一家厂商的产量都占有很大的份额；②其他厂商进入市场很困难但不是不可能；③厂商之间存在着明显的相互依赖性。

（一）寡头垄断市场上产量的决定

在寡头垄断市场上，当不存在相互勾结时，各寡头根据其他寡头的产量决策，按利润最大化原则调整自己的产量。当寡头之间存在勾结时，产量由各寡头协商确定。而确定的结构对谁有利，则取决于各寡头的实力大小。

（二）寡头垄断市场上价格的决定

寡头垄断市场上的价格，通常由各寡头相互协调的行为方式所决定。这种协调可以有多种形式，可以是以卡特尔正式协议所表现的公开勾结，但大多是寡头共同默认和遵从一些行为准则而形成的非正式勾结。前者通过建立卡特尔，以达成的协议来协调各寡头的行动，统一确定产品价格，并规定各寡头产品的生产和销售限额；后者则表现为寡头垄断市场上所通行的价格领先和成本加成等定价方法。

第四节　制度经济学理论

制度经济学是把经济制度作为研究对象的一门经济学分支学科。它研究制度对于经济发展的影响，也研究经济的发展如何影响制度的演变。旧制度经济学代表康芒斯、米切尔等，考察了制度，但没有对主流经济学的方法有所改进。新制度经济学包括四个基本理论：交易费用理论、产权理论、企业理论和制度变迁理论。

一、交易费用理论

交易费用是新制度经济学最基本的理论。该理论认为，企业和市场是两种可以相互替代的资源配置机制，由于存在有限理性，机会主义、不确定性与小数目条件使得市场交易费用高昂，为节约交易费用，企业作为代替市场的新型交易形式应运而生。交易费用决定了企业的存在，企业采取不同的组织方式，最终目的也是节约交易费用。

科斯提出，市场和企业是两种不同的组织劳动分工的方式（即两种不同的"交易"方式），企业产生的原因是企业组织劳动分工的交易费用低于市场组织劳动分工的费用。一方面，企业作为一种交易形式，可以把若干个生产要素的所有者和产品的所有者组成一个单位参加市场交易，减少交易者的数目和交易中的摩擦，从而降低交易成本；另一方面，在企业之内，市场交易被取消，伴随着市场交易的复杂结构被企业家所替代，企业家开始指挥生产，由此，企业替代了市场。可见，无论是企业内部交易，还是市场交易，都存在着不同的交易费用；而企业替代市场，是因为通过企业交易而形成的交易费用比通过市场交易而形成的交易费用低。

所谓的交易费用，是指企业用于寻找交易对象、订立合同、执行交易、洽谈交易、监督交易等方面的费用与支出，主要由搜集成本、谈判成本、签约成本与监督成本构成。

企业运用收购、兼并、重组等资本运营方式，可以将市场内部化，消除由市场的不确定性所带来的风险，从而降低交易费用。

交易费用的提出，对于新制度经济学具有重要意义。由于经济学是研究稀缺资源配置的，交易费用理论表明交易活动是稀缺的，市场的不确定性导致交易也是要冒风险的，因而交易也有代价，从而也就有了如何配置的问题。资源配置问题就是经济效益问题。所以，制度必须提高经济效益，否则就会被新的制度所取代。

二、产权理论

新制度经济学家一般都认为，产权既是一种权利，也是一种社会关系，是规定人们相互行为关系的一种规则，并且是社会的基础性规则。产权是一个复数概念，一个权利束，包括所有权、使用权、收益权、处置权等。当一种交易在市场中发生时，就产生了两束权利的交换。交易中的产权所包含的内容影响物品的交换价值，这是新制度经济学的一个基本观点。

产权实质上是一套激励与约束机制。影响和激励行为，是产权的一个基本功能。新制度经济学认为，产权安排直接影响资源配置效率，一个社会的经济绩效如何，最终取决于产权安排对个人行为所提供的激励。

三、企业理论

科斯运用其首创的交易费用分析工具，对企业的性质以及企业与市场并存于现实经济世界这一事实做出了先驱性的解释，将新古典经济学的单一生产制度体系——市场机制，拓展为彼此之间存在替代关系的、包括企业与市场的两重生产制度体系。

科斯认为，市场机制是一种配置资源的手段，企业也是一种配置资源的手段，两者是可以相互替代的。在科斯看来，市场机制的运行是有成本的，通过形成一个组织，并允许某个权威（企业家）来支配资源，就能节约某些市场运行成本。交易费用的节省是企业产生、存在以及替代市场机制的唯一动力。而企业与市场的边界在哪里呢？由于企业管理也是有费用的，企业规模不可能无限扩大，其限度在于：利用企业方式组织交易的成本等于通过市场交易的成本。

四、制度变迁理论

所谓制度变迁，是指新制度（或新制度结构）产生，并否定、扬弃或改变旧制度（或旧制度结构）的过程。它一定是向更有效率的制度演化的。制度变迁是一个动态的现实过程，在这个过程中，涉及谁发动制度变迁、为什么要进行制度变迁、如何进行制度变迁、制度变迁的效果如何等问题。因此，制度变迁的理论应该包括制度变迁的主体、制度变迁的动力、制度变迁的方式、制度变迁的效率评价等方面。

制度变迁理论是新制度经济学的一个重要内容。其代表人物是诺斯，他强调技术的革新固然为经济增长注入了活力，但人们如果没有制度创新和制度变迁的冲动，并且没有通过一系列制度（包括产权制度、法律制度等）构建把技术创新的成果巩固下来，那么人类社会的长期经济增长和社会发展是不可设想的。总之，诺斯认为，在决定一个国家经济增长和社会发展方面，制度具有决定性的作用。

制度变迁的原因之一就是为了节约交易费用，即降低制度成本，提高制度效益。所以，制度变迁可以理解为一种收益更高的制度对另一种收益较低的制度的替代过程。产权理论、国家理论和意识形态理论构成制度变迁理论的三块基石。制度变迁理论涉及制度变迁的原因或制度变迁的起源问题、制度变迁的动力、制度变迁的过程、制度变迁的形式以及制度移植、路径依赖等。

科斯的原创性贡献，使经济学从零交易费用的新古典世界走向正交易费用的现实世界，从而获得了对现实世界较强的解释力。经过发挥和传播，交易费用理论已成为新制度经济学理论的一个重要贡献，目前，正交易费用及其相关假定已经构成了可能替代新古典环境的新制度环境，正在影响着许多经济学家的思维和信念。

第二章 房地产价格的空间分布和动态变化

第一节 城市空间的形成

以经济学解释，城市的形成与发展有三个主要原因：比较优势、规模经济和聚集经济。比较优势的存在使贸易交换和商贸城市得以出现，交通和生产上的规模经济促使城市人口和规模不断扩大，聚集经济效益则最终促成了大城市的诞生。

一、比较优势

城市产生的一个重要的原因就是经济活动的比较优势。如果人们在生产每一种产品时拥有相同的生产力和生产效率，交换就不会产生，城市自然也不会出现。值得注意的是，比较优势和绝对优势不同，比较优势的概念是以机会成本为准的。

交通上的规模经济效益和贸易的获益使商贸城市得以诞生。当运输更多的布和米的单位运输成本比运送一个单位的物品成本低时，贸易公司就会比单个家庭在进行贸易交换时所消耗的成本低；而且，贸易公司会选址在一个距离贸易各方都较近的地方，使交通成本降到最低，通常是在道路、河流的交汇处或港口等交通集散地形成贸易地；贸易公司对选址的一致要求促成了商贸中心的出现。贸易的集聚带来了就业机会，人们为了降低交通成本，会选择居住在市场附近的地方，而居住的密集又带来了地价的攀升。随着地价的升高，人们会从经济的角度考虑提高居住密度，占用更少的土地。如前所述，人口的逐渐集聚和居住密度的提高是城市的基本特征，商贸城市由此开始形成了。

综上所述，商贸城市的发展有三个基本条件：一是农业的生产力提高到农民的生产不但能够实现自给，而且能够满足贸易需求，农业的剩余产品可以养活城市居民；二是在生产中的比较优势大得足够承担交通成本而让贸易成为可能；三是交通上的规模经济使大规模的贸易和集贸中心效率更高。

二、规模经济

另一个重要的促成城市发展的原因是生产上的规模经济。规模经济的存在使得工厂最终取代了家庭个体生产，从而导致工业城市的出现。

规模经济的产生有两个主要原因。一是专业化分工。工厂在进行大规模生产时可以把生产过程分解成几个步骤，由不同的工人来完成。工人在不断的重复性劳动中可以提高劳动技巧，而且节省了转换不同的劳动内容所需的时间。

由于人们希望从与工厂的贸易交换中获益和获得工作机会，在工厂周围的人口规模逐渐扩大，人口密度不断增高，逐步发展成为一片集中的工业化城镇区域，并逐渐发展为工业城市。

工业城市的发展必须满足两个条件：一是不但农民的生产力高到能自给自足，而且他们的剩余产品能够养活工厂的工人；二是随着工厂生产规模的扩大，其单位成本随之降低，从而存在贸易交换的可能。工业城市的规模决定于工厂工人的数量，也就是工厂的生产规模。

三、聚集经济

聚集经济又称聚集效益，一般是指因企业、居民的空间集中而带来的经济利益或成本节约。聚集经济可以解释为什么会出现大城市和特大城市。规模经济解释了围绕一个工厂的城市的发展，聚集经济则可以解释为什么大部分城市不是只有一个工厂，即大型工业城市的出现。大城市发展的根本原因是聚集经济效益。地理上的紧密接近能够使企业降低生产成本，这其实是一个生产的正外部性的例子。

聚集经济可以表现在供、需两个方面，劳动、资本等生产要素的集中带来了正的外部性。同样，消费的集中也能产生好处。具体而言，聚集经济效益表现在下述几个方面。

第一，本地市场的潜在规模居民和工业的大量集中产生了市场经济。人口规模的增长为当地的产业增加了潜在市场。当地市场由于运输费用低廉比外地市场对企业更有吸引力，而且由于城市地区信息传送便捷，销售的成本也降低。现代技术的发展可使运输费用大大降低，企业面对的市场较以前更为广阔，但人口和城市较为集中的地区，仍然对企业有巨大的吸引力。

第二，大规模的本地市场能够促进较高程度的专业化，减少实际生产费用。处于大城市地区，生产者更会确信自己的商品有足够的市场，使他们能够采用较大的、效率更高的机器，并将生产效率和自动化程度更高的技术引入工厂。

第三，某些服务设施的提供有一个人口规模的门槛。例如机场、高速公路、城市污水处理厂等。所以大城市一般能够提供优越的交通条件和服务条件。良好的城际交通运输扩大了企业得以经济地提供服务的潜在市场地域范围，同时降低原材料的运输费用。

第四，某种产业在地理上集中于一个特定的地区，有助于促进一些辅助性工业的建立，以满足其生产需要。

第五，同类企业在地理上集中，使日渐积累起来的熟练劳动力汇聚并适应当地产业发展的需要，从而导致更进一步的聚集经济效益。

第六，正如熟练劳动力的汇聚一样，管理、经营和科技人才的聚集也会相应发展起来。

第七，在大城市，由于金融和商业机构众多，企业在融资和管理投资方面会得到更多的帮助。

第八，同小的商贸中心相比，城市能够提供门类更加齐全的设施服务。例如，娱乐、社交、教育以及其他种种设施。一个地区舒适的生活与高工资一样能吸引人才。

第九，集中的城市可以使经营者面对面地打交道。尽管现代通信技术的发展已经使远距离办公和贸易成为可能，互联网的作用使时空发生了很大的变化，但仍然有很多人认为面对面的接触更利于增进信任和交流。

第十，聚集经济效益的另一个有力的作用是，使同类企业大批汇聚并引起激烈的竞争，从而促进企业的创新。地理上的集中有助于在商品制造者、供给者和顾客之间产生更自由和快速的信息传播，革新正是企业及时了解到顾客需要和发现问题的结果，革新的成果也因此很快被其他企业所采纳。

由于聚集经济的作用，大城市得以形成与发展。

第二节　城市房地产租金的构成

房地产具有异质性，某一宗特定房地产的供求往往难以预测。在某一特定位置，房地产的供给固定不变，完全缺乏价格弹性；而特定房地产的需求对价格高度敏感，即富有价格弹性，原因是相邻房地产之间具有竞争性或可替代性。

不同位置上房地产的相对价格由需求决定。应该明确，房地产供给对价格的确定也同时起作用，但往往影响市场的整体价格水平。

下面介绍基于补偿原理的城市内住房和土地租金的变化规律。

城市中心到城市边缘的距离，是决定城市租金的重要因素。因此，下面探讨对于一个给定人口和居住密度的城市，其边缘到市中心的距离应该是多少。以下分析涉及城市的三个方面：城市人口规模、住宅密度和城市形态对土地供给的影响。这里还是假设住宅密度均匀不变。

假定在理想化城市中，交通路线呈放射状，交通费用线性变化。如果城市位于没有任何地形起伏、地貌变化的平原上，那么这个城市形态应该是圆形的，且在以市中心为圆点的同心圆上，土地具有相同的租金。事实上，历史上许多城市由于对水运的依赖，是作为港口而形成发展起来的，城市的中心位于海岸或河岸。这样城市形态会是一个半圆形，在相同的半径处，通勤费和租金应该是相同的。也有的城市可能是扇形，圆周角可能是270°或是30°。现实中，城市往往受山脉、湖泊或人工建筑物的影响，给定半径处的土地供应受到限制。

城市住房租金分布的另一个静态结论：

当城市人口较多、住房密度较低，因地形地貌条件的约束导致城市圆形形态越不完整时，城市的边缘离市中心越远。

然而，李嘉图模型的结论在有些情况下似乎模棱两可。比如，我们考虑这样两个城市：它们具有相同人口规模和地形条件，而居住密度不同，那么其房租和地租的情况如何？通常，密度大的城市，其城市边缘到市中心的距离比较近，此时相应的房租比较低。然而对于土地而言，密度增大，地租的梯度线变陡。上述两个因素哪个占主导呢？随着密度的增长，市中心的地租是上升还是下跌？

注意，以上结论是比较静态的分析结果。比较静态分析忽略城市的预期增长，也没有描述城市在短期内是如何增长、变化与调整的，只是说明其最终达到什么样的平衡状态。本章稍后介绍房地产价格如何随着城市空间增长而动态变化。

第三节　城市空间增长与房地产价格变化

一、增长与租金

城市住宅或土地租金的增长，从经验上看，受许多因素影响。在城市人口增加时，城市边缘会以其城市人口扩张一半的速度增加。如果一个城市的人口以每年 4% 的速度增长，则土地面积的增长速度也是每年 4%，但其半径的增长速度仅为 2%。

当城市人口以常数速率增长时，任何位置租金增长速率都不是常数。而且，在任何给定的时间段内，城市不同位置住宅租金的增长速率也不一样。实际上，城市住宅租金百分比增长最快的地方在城市边缘。

二、增长与价格

第一，如果一个城市从总体上不再有增长预期时，其资本化率就是折现率，这在城市的任何地方都相同。

第二，当城市空间有增长时，资本化率会小于折现率，而且在城市的不同位置情况有所不同。城市边缘相对于市中心，租金增长较快，而资本化率相对较低。当城市边缘随着时间变化而扩张时，城市内部的资本化率将会上升。

第三，住宅价格与住宅租金以相近的速度随着时间增长；并且，在城市边缘处增长较快，在城市内部增长较慢。

三、增长与土地价格

与土地租金一样，土地价格也可以从住宅价格中剥离出来，这种计算方法蕴含了这样一个假设：土地价格将包括城市扩张引致的位置租金预期上涨额的全部。从住宅价格中扣除建筑成本，剩下的就是宗地价格；其再除以土地面积，就得出宗地单价。

在此之前，我们一直假设城市从市中心依次向外开发；任何时候，新项目总是在城市租金和次用租金交界处即城市边缘处发生。这一假设仅仅是基于土地所有者对租金最大化的要求。现在我们考虑：城市是否有可能非依次开发？如果可能，其对价格的影响如何？

只有当城市的边缘扩展到该位置时再开发，该地块的现值达到最大化，提前开发或延后开发，都会降低土地价格。

值得注意的是，随着市场条件的变化，价格组成部分也会发生变化。城市没有增长预期，就没有位置租金的增长预期，城市边缘以外的土地永远不会被开发，土地价格只是当前位置租金和农用地租金的现值。相反，当城市有增长预期时，则矩形区域升起，预期的开发使城市外围的空地价格上升。这种预期导致的价格上升不仅表现为城市外围空地价格上升，还表现为整个城市内部已开发区域的房价或地价的上升。

第三章　房地产市场风险与风险管理

第一节　不确定性与房地产市场风险概述

一、风险的定义

在远古时期，渔民在长期的捕捞实践中，深深地体会到"风"给他们带来的危险是无法预测、无法确定的。他们认识到，在出海捕鱼的生活中，"风"就意味着"险"即危险。因此，"风险"一词产生于渔民的捕捞实践。

风险是指在一定条件下和一定时间内，各种可能受损结果发生的不确定性及其受损程度。风险本身既包含了各种可能结果的不确定性，也包含了各种可能损失的不确定性。如果风险表现为可能结果的不确定性，则说明风险的结果可能是获利、损失或者既无损失也无获利，这属于广义风险的范畴，比如房地产金融风险。如果风险表现为损失的不确定性，则说明风险只能表现出损失，没有获利的可能性，这属于狭义风险的范畴。

二、风险产生的前提：不确定性

（一）不确定性的定义

不确定性是指经济主体对于未来的经济状况，尤其是收益与损失的分布范围与状态不能事先确知，是风险产生的前提条件，属于风险管理的范畴。长期的经济实践表明，人们对未来事件的分析和预测，都是根据以往的数据资料或者过去的经验，但环境变量总是在发展变化的，因此，预测结果往往不会完全符合未来的真实情况。而且变量的变化越大，预测的偏差就越大。总之，只要某种决策的可能结果不止一种，就会产生不确定性，而且经济行为主体事先难以准确知道该决策所产生的实际结果。因此，我们要提高决策的科学性与可靠性，就必须正确分析和评估事件的不确定性。

（二）不确定性产生的原因

产生不确定性的因素很多，主要包括以下几个。

1. 经济形势与经济环境因素

在市场经济的环境下，国家的经济发展、宏观经济政策的调整、改革措施的推进、通货膨胀的出现，以及微观经济下的价格、产量、支出、收入等因素，对经济行为本身均会产生影响。如果以上这些因素本身在不断地发生较大变化，那么它们无疑会加重经济行为的不确定性。

2. 社会因素

社会因素中的人口总量变化、人口结构变化以及消费观念、消费习惯、公众预期等的改变，也都会对经济行为产生难以准确预测的影响。如果该经济行为本身的周期又特别长，那么这些影响所导致的不确定性必定会更加明显。

3. 不充分与不完全信息

由于信息具有大量性与及时性的特征，任何经济主体要想获得充分信息都是需要花费巨额财富和大量时间的，而实际情况是，在很短时间内主体获得充分信息几乎是不可能的。由于信息无论是在质量还是在数量方面，都无法满足准确预测未来的现实需要，所以经济主体所掌握的信息十分有限，其理性往往是不完全的，其决策必定存在或大或小的偏差，于是经济行为的不确定性难以避免。

4. 技术进步因素

只有市场经济制度才是使人类富裕和谐的康庄大道。从利己心出发，市场经济最终能实现公共利益。法拉第、贝尔、福特、乔布斯等都是追求自我利益的，然而正是他们的这种追求，才为人类做出了卓越的贡献。市场经济制度的优点在于，它能激励人的激情与创造性，允许并鼓励创新，运行成本小但效率比较高。因此，未来的某种技术实现进步或者新技术诞生都很有可能，但这种可能性在事先却难以预测。

5. 其他因素导致的不确定性

统计数据的可靠性太小、数据不足，假设不合理、不真实，数据处理方法的局限性，以及操作人员的主观随意性、偏好、工作严谨程度等，这些因素都会使得项目的预期效果与操作结果产生差距，甚至是严重偏离。

（三）不确定性分析的主要方法

不确定性分析的主要方法有盈亏平衡分析、敏感性分析两种，在具体应用时要充分考虑事件的类型、特点、周期、目标、人力、物力、财力等因素。

1. 盈亏平衡分析

盈亏平衡分析，又称保本点分析或本量利分析法，是在完全竞争或者垄断竞争的市场条件下，根据产品的业务量或产量与销量、产品成本、销售利润之间的相互制约关系，掌握盈亏变化的临界点（保本点）而进行选择的方法。

如果盈亏平衡点比较低，则亏损的可能性就比较小，项目盈利的可能性就比较大，项目适应外部环境变化的能力和抵抗风险的能力也会比较大。如果盈亏平衡点比较高，则亏损的可能性就比较大，项目盈利的可能性就比较小，项目适应外部环境变化的能力和抵抗风险的能力也会比较小。

盈亏平衡分析可用来控制成本、预测利润、判断经营状况。盈亏平衡分析可以对项目的风险情况与各个因素不确定性的承受能力进行科学的判断，为投资决策提供依据。

2. 敏感性分析

敏感性分析主要是分析某个或某几个敏感性较强的因素对决策行为的经济效果带来的影响以及影响程度。敏感性较强是指因素发生变化甚至是微小的变化也会导致项目方案的经济效果发生重大变化，以至于调整对策。因此，敏感性分析亦称灵敏度分析。敏感性分析是可行性研究的一项重要程序，是方案决策的依据之一。它表明项目可能容许的风险程度以及应采取的相应措施。敏感性因素包括 5 个方面：产品价格变动；原材料的供应来源、运输方式与保管方法；市场需求与销售方式；施工速度和达产时间（达到生产能力的时间）；资金来源、贷款利率等。

（四）不确定性分析的主要作用

不确定性分析既能减少投资决策的失误，又能提高项目的风险防范能力。项目建设的总投资额、建设周期、销售收入、成本等统计指标不同于真实指标，而且两者往往存在较大差异。对经济、社会、信息等因素的不确定性分析，可以预测这些差异的取值范围，然后企业可进行研究和判断并采取相应措施，规避可能存在的风险，调整投资对策。

三、风险的分类

风险按照性质分为纯粹风险与投机风险。前者是指只有损失机会，而没有可能获利的风险；后者是指既有损失的机会，也有可能获利的风险。风险按照产生的环境分为静态风险与动态风险。前者是指由于自然力的不规则变动，或者因为人们的过失行为所导致的风险；后者指由于经济、社会、科技或者政治变动产生的风险。风险按照发生的原因分为自然风险、社会风险、经济风险。其中，自然风险是指由于自然因素或物力现象所造成的风险；社会风险是指由个人或团体的社会行为所导致的风险；经济风险是指在经济活动过程中，因市场因素或者因经营管理不善导致经济损失的风险。风险按照致损对象可以划分为财产风险、人身风险与责任风险。其中，责任风险是指因行为人的行为不当或不作为，导致他人财产损失或人身伤亡后果，行为人应负的经济赔偿责任风险。

四、风险的主要特点

风险本身存在如下特点。

（一）风险的客观性

所谓风险的客观性是指风险独立于人的主观意识、不以人的主观意志为转移。但风险的客观性并不意味着人类在风险面前无能为力，相反，人们可以发挥主观能动性，通过掌握客观事物的运动规律认识风险并对其加以利用，最大限度地降低风险或者减少损失。不过，风险客观性也意味着人们可以减少或者降低风险带来的损失程度，却不可能从根本上消灭它。

（二）风险的普遍性

风险的普遍性是指风险普遍存在于客观事物的运动过程之中。风险的普遍性要求我们在看待风险时要头脑清醒，并尽量采取合理措施降低风险、减少损失，而不是忽视风险、无视风险的存在。

（三）风险的损失性

风险的损失性意味着风险的存在一定程度上必将给我们带来损失，区别在于损失的程度不同而已。所以，许多学者在研究风险问题时，往往是从风险带来的损失角度展开的。

（四）风险的相对性和群体性

风险的相对性和群体性是指同一种风险对于不同的人群来讲其风险程度是不同的，或者不同风险对于同一个群体来讲其风险程度也是不同的。人群可以按照风险程度的大小分为风险偏好型、风险中立型、风险规避型三种。所谓风险偏好型，是指经济主体偏好有风险的事件，期待着从高风险中获取高收益。所谓风险中立型，是指经济主体对于风险的大小及其危害程度既不存在偏好也不存在厌恶。所谓风险规避型，是指经济主体在预测到风险的存在及其可能带来的损失后，主动采取措施规避风险带来的可能损失。

（五）风险的可测可控性

所谓风险的可测可控性，是指人们依据客观事物运动情况的往期数据，利用现代科技手段和方法，能够对风险的成因、发生频率、影响程度及其带来的经济与社会危害后果等提前预测，并可以采取相应措施管控风险以减少风险带来的损失。

第二节 风险分析的理论基础

一、虚拟资本理论

虚拟资本是指独立于现实的资本运动之外的、以有价证券的形式存在的、能给持有者按期带来一定收入的资本，比如股票、债券以及不动产抵押单等。

虚拟资本可以分为狭义与广义两种。其中，狭义的虚拟资本一般是指专门用于债券、股票等有价证券的价格，它是最为一般的虚拟资本。而广义的虚拟资本包含以下几个方面：①有价证券（股票、债券等）；②银行的借贷信用（汇票、期票与存款货币等）；③名义存款准备金；④由投机票据等形成的资本。

虚拟资本是信用制度与货币资本化的必然产物。第一，虚拟资本是信用制度的产物。在资本主义社会中，信用制度存在两种基本形式：一是商业信用，二是银行信用。商业信用这种支付凭据演变成商业信用工具即商业货币，然后进入流通领域，因此它本身已经包含了虚拟资本的成分。随着商业信用的发展，银行信用与银行券便出现了。第二，虚拟资本不仅伴随着货币资本化的过程出现，而且是生息资本的派生形式。法律意义上的所有者跟经济意义上的所有者之所以会分离，主要原因在于生息资本导致了资本的所有权与使用权的分离。

虚拟资本跟实体资本关系密切。第一，实体资本是虚拟资本的基础。如果没有实体资本和实体经济，则不会产生虚拟资本。如果股份制企业等实体经济不产生，则股票、债券等有价证券形式也不会产生。第二，实体经济是虚拟资本利润的源泉。虚拟资本的利润根源于实体经济，也就是说，虚拟资本能够获得利润但它却不会创造价值。实体资本进行有效运作是虚拟资本实现价值增值的必要前提。这正如马克思在《马克思恩格斯全集》第25卷所说,虚拟资本是"现实资本的纸制复本",它能够间接反映现实资本的运动效果。第三,虚拟资本独立于实体资本。虚拟资本虽然产生于实体资本,而且必须借助实体资本进行运动,但它又是从实体资本中独立出来的资本形式,具有独立性。它的市场价值由证券的定期收益与利率决定,而且与定期收益成正比,与利率成反比,并不随职能资本的变动而变动。其价格波动,既取决于有价证券的供求,也取决于货币的供求。

虚拟资本具有正面效应。首先,它扩大了货币资本的积累规模和积累速度。股票等虚拟资本作为现实资本的纸制复本,代表着对未来收益的索取权,其大量发行显然有利于扩大货币资本积累。其次,它促进资本的集中。以有价证券形式存在的资本,为企业的兼并与重组提供了现实条件。再次,它加快资本周转的速度。虚拟资本通过加快资本周转速度和缩短周转时间的方式,创造出更大的经济效益。

虚拟资本也具有负面效应。其一,虚拟资本容易造成虚假繁荣,产生经济泡沫。有价证券的买与卖成为现实的投机工具,会造成虚假繁荣,产生价格泡沫,甚至爆发经济危机。其二,虚拟资本缩小整个社会的支付能力。经济危机爆发后,商品和有价证券都将难以转化成货币,这必然会缩小全社会的支付能力。其三,虚拟资本导致生息货币的过剩或不足,增加了宏观经济调控的难度。虚拟资本积累快于现实资本积累时,生息的货币资本不仅不再能够真实反映现实货币资本的积累情况,而且还会进行自我扩张,这必将导致现实资本的供求明显差别于生息货币资本的供求。

二、马克思主义经济周期理论

经济周期是在贫富分化严重、产业联动性加强和发达的银行制度条件下才会发生的问题。贫困化会导致购买力明显不足，而购买力不足则会导致产品过剩，消费资料的过剩会导致生产资料过剩，这是经济周期的必要条件。购买力不足与产品过剩的矛盾虽然可通过消费贷款的方式得以延迟，但又由此得以加深。

对于经济危机，人们可以从缩小两极分化、找准产业关联、解决信用链条的薄弱环节三个方面入手，实现治理的目的。如果没有两极分化、没有产业关联、没有发达的信用制度，就不会发生经济危机。

三、经济泡沫与房价泡沫理论

（一）经济泡沫

所谓经济泡沫，是指局部的投机需求或虚假需求使资产的市场价格脱离其内在价值的部分。经济泡沫的实质是资产价格与经济基础条件相背并出现明显膨胀。

经济泡沫起源于股票和房产市场的过度投机，形成于信用制度、有限理性、信息传递的时滞和不完整，被刺穿于价格机制和货币发行的有限性。

需要说明的问题是，适度的经济泡沫却是有利于经济发展的，关键在于确定经济泡沫的风险控制区，而风险控制区由金融系统的安全程度、财政调节的有效程度以及国家外债的借支能力三方面的力量决定。适度的经济泡沫会促进经济增长，只有经济泡沫的持续膨胀才会对实体经济产生威胁。

（二）房产泡沫分析

房地产容易产生泡沫，而且房地产泡沫可以测算。对市场的乐观预期推动资产价格泡沫的形成。有学者实证分析了 20 世纪 90 年代泰国、马来西亚以及印度尼西亚房价泡沫的基本情况，发现金融机构进行抵押贷款时低估了已经存在的潜在风险。

第三节　房地产市场风险

一、房地产市场风险的概念

房地产市场风险是指政策因素、货币因素、房地产市场价格、供求结构、借款人收入等宏微观因素改变所引起的房地产市值出现负面变化的风险。房地产市场风险主要包括两个方面：一是房地产投资风险，即房地产投资收益由于受到随机因素的干扰而偏离预期收益的程度，主要表现为投资收益下滑的可能性；二是房地产金融风险，是指银行在为房地产企业提供融资、清算等金融服务的过程中，由于受到内外部不确定因素的干扰，使得银行的实际收益偏离预期收益并且造成损失的可能性。在市场经济条件下，房地产行业面对的不确定因素非常多，比如国内外政局变动、经济政策调整变动、居民收入水平的变动、人口结构的改变等，这些不确定因素容易引发房地产市场风险。

二、房地产市场风险的类型

我们从风险形成的角度，可以把房地产市场风险分为以下几个类型。

（一）土地与土地制度风险

房地产市场的基础资源是土地,而土地的基本特征是稀缺性与不可再生性。土地本身具有需求弹性大、供给弹性小的明显特点,其需求量受价格因素的干扰比较明显,但其供给量却难以随需求的增加而快速增加。土地价格会随着土地需求的增加而迅速上涨,只要土地供给的速度跟不上土地需求的增幅,必将导致土地价格在供需脱节中连续上涨。

此外,我国土地使用制度的基本特点是所有权与使用权相互分离,政府垄断了土地一级市场,这就容易产生政府配置土地资源的制度性成本提升、土地产权管理制度不规范、委托代理问题滋生等土地制度性风险。因此,土地资源的稀缺性、垄断性、投机性必然导致土地价格的上涨,使房地产价格偏离其实际价值,为风险的形成和积累提供了基础条件。

（二）房地产市场的政策风险

房地产市场的政策性风险是指因政府的经济政策、房地产产业政策以及某些房地产干预措施导致的房地产市场收益不确定性的风险。房地产市场的政策性风险有多种表现形式:一是房地产政策目标制定不恰当,或在实施过程中发生偏差所引起的房地产风险;二是由政策传导机制中断引起的房地产业发展预期的不确定性风险,政策传导机制中断常常由时滞、部门间协调不足以及故意延误等原因引起;三是由于政府房地产政策的不连续引起的房地产风险。

（三）房地产市场的投机投资风险

房地产本身具有保值、增值的功能,住房需求不仅是消费需求而且是投资投机需求。同时,房地产本身不仅具有实体经济的内容,还有虚拟经济的内容。房地产交易是一种资产交易行为,可在房地产管理部门的约束下反复进行,于是经常发生从房地产投机投资中获利的现象，但这容易导致投机投资过度并积累风险。另外，住房抵押贷款制度的普遍实施，不仅把潜在的次级购房意愿转化成了现实的次级房产购买力，而且把潜在的次级房产投机投资意愿部分转化成了现实的次级房产投机投资需求量，这必然会加大房地产市场的投机投资风险。

（四）房地产自身因素引起的内生性风险

房地产市场的内生性风险包括经营管理风险、财务风险、信用风险、流动性风险、抵押风险、利率风险等。其中，经营管理风险是指由于房地产企业经营管理不规范、效率低下及企业家掌控能力不足等因素引起的风险。财务风险是指房地产投资者的财务状况恶化，其投资收益不足以抵偿投资成本时发生的风险。信用风险即违约风险，是指企业融资或者个人消费信贷到期未能还本付息而产生的风险。根据违约者主观意志的不同，违约风险可以分为理性违约、被迫违约两种。流动性风险是指银行因发放长期住房债券而降低了资产的变现能力并由此导致资金周转困难的风险。抵押风险是指由于自然灾害与意外事故等不可抗力因素，抵押人故意隐瞒抵押物的真实权属关系，抑或抵押物处置不当，导致抵押物发生自然损失造成价值下降所带来的风险。

（五）房地产市场其他类型的风险

房地产市场其他类型的风险包括通货膨胀、通货紧缩、自然灾害、国外金融危机输入等因素引起的房地产市场波动的风险。

我们从房地产金融风险状态的角度，可以把房地产金融风险划分为静态风险和动态风险两种。从银行监管角度，根据巴塞尔《有效银行监管的核心原则》和我国现有的金融管理体制，我们可以把房地产金融风险分为流动性风险、信用风险、利率风险、操作风险、法律风险等。从风险产生根源的角度，我们可以把房地产金融风险划分为自然风险、经济风险、政治风险、社会风险、技术风险五种类型。从风险性质的角度，我们可以把房地产金融风险划分为信用风险、流动性风险、市场风险和政策法律风险四类。从贷款的具体类型角度，我们可以把房地产金融风险划分为土地贷款金融风险、开发贷款金融风险和个人贷款金融风险。

三、房地产市场风险的识别

房地产风险识别是指在房地产风险发生之前，运用各种方法系统地、连续地认识房地产所面临的各种风险，并分析房地产风险发生的潜在原因。房地产风险识别过程包含感知房地产风险和分析房地产风险两个环节，分析房地产风险是房地产风险识别的关键。

房地产风险识别涵盖环境风险、市场风险、生产风险、技术风险、财务风险、人事风险六个方面。所谓房地产环境风险是指国家宏观经济政策变化，社会文化、人口机构等变量变化引起的风险。房地产市场风险指市场供需格局的变化、消费者消费偏好的变化、竞争格局的变化等市场变量引起的风险。房地产生产风险是指因房地产计划失误或者计划中断引起的风险。房地产技术风险是指房地产企业在技术创新的过程中由于没能实现技术突破或者无法商业化等引起的技术创新失败的风险。房地产财务风险是指房地产企业因收支状况发生意外变动给企业财务造成困难而引发的风险。房地产人事风险是指房地产企业因人事关系改变而引发的风险。

房地产风险的识别方法包括项目可行性分析、生产流程分析、投入产出分析、资产负债分析、损失清单分析、头脑风暴法、德尔菲法、幕景分析法、故障树分析法、筛选—检测—诊断分析法等宏微观方法。

四、房地产市场风险的规避

房地产市场风险规避通过变更政策规划来消除房地产市场风险或改变房地产市场风险发生的条件，保护房地产市场的既定目标免受风险的影响。房地产市场风险规避并不能完全消除房地产市场风险，我们所要规避的是房地产市场风险给我们造成的可能损失。其主要方式有：①降低房地产市场损失发生的概率，主要是采取事先控制即风险预控的措施；②降低房地产市场损失的程度，主要包括房地产市场风险转移、房地产市场风险组合、房地产市场风险自留三种方式。其中，房地产市场风险转移是将房地产市场自身可能存在的潜在损失以一定的方式转移给对方或第三方，包括以预售、预租方式实现契约式转移，购买房地产保险及房地产资金证券化等内容。房地产市场风险组合的目的在于分散风险，即所谓"不要把所有鸡蛋都放在一个篮子里"。自留风险，也叫作风险承担，是指房地产企业以自身所具有的资源理性或者非理性地承担未来可能存在的损失。风险承担可以是主动的，可以是被动的，可以是有意识的，可以是无意识的，这是因为有时候企业完全回避风险是不可能的或明显不利的。该方式在国内外大中型房地产企业较为常见，通常会以建立企业自留资金或预提损失基金的方式来具体实施。

第四节　当前国内房地产市场的价格风险分析

一、中国房地产市场存在价格风险的表现

中国房地产市场存在价格风险的问题，可以从房屋租售比、房价收入比研

究等角度进行比较与测量。不论是从房屋租售比角度，还是从房价收入比角度进行研究，我们都能够比较容易地判断出中国房地产市场存在价格风险的问题。

（一）房屋租售比研究

所谓房屋租售比，是指每平方米使用面积的月租金除以每平方米建筑面积房价所得到的比值。国际普遍认为，房产状况运行良好的某区域租售比标准是1∶300～1∶200。如果租售比低于1∶300，那就意味着房地产的投资价值相对变小，房地产的泡沫已经显现。如果租售比高于1∶200，就表明该区域进行房地产投资的潜力相对较大，而且后市看好。这个比值意味着，房子出租200至300个月或者16年至25年就能收回房款。无论租售比低于1∶300，还是高于1∶200，都表明房产价格已经偏离其真实价值。

房价收入比是指某地区住房价格与该地区居民家庭的年收入之比。一个国家或地区的平均房价收入比是指该国家或地区每户居民的平均房价与每户居民的平均年收入之比。其计算公式是：房价收入比＝每户居民的住房平均总价÷每户居民的年平均总收入。每户居民的住房平均总价＝每户居民的平均人口数 × 单位面积住宅的平均销售价格 × 人均住房面积。每户居民的年平均总收入＝每户居民的平均人口数 × 每户居民的人均年收入。

（二）上市房地产企业的负债率偏高

资产负债率是衡量企业健康与否的重要财务指标。过高的资产负债率意味着该企业的债务负担比较严重，财务风险比较大，财务压力比较大。如果房地产企业的资产负债率不断提高，则说明上市房地产企业的处境在不断恶化。不过，资产负债率也不是衡量企业资金链安全性的唯一指标。

二、中国房地产市场价格风险的可能性经济后果

房地产行业已经成为中国的经济之痛，因为它在一定程度上制约了中国经济。这就使得中央政府在出台针对房地产领域调控政策的过程中，不得不慎之又慎。房地产行业显然成了中国经济高增长的主要来源之一，也是各级政府追求 GDP 增加的主要经济工具之一。但是，房地产行业的急剧扩张和房价的加速发展，也使得中国经济的价格风险越来越大，其价格风险一旦变成现实，将会对中国的整体经济造成非常深刻的负面影响。

目前，全国房地产的价格风险已经存在，部分城市的房地产价格风险还比较严重，而且这种风险已经延伸至二三线城市。经济具有复苏、高涨、危机、萧条的循环变化。房价持续上涨的时候，也是积累价格风险等危机因素的阶段，房价越是高涨，越是预示着风险的加剧和房价掉头下跌的危险。

在城市化加速进行和工业化加速发展的背景下，中国房地产价格风险可能会由以下诱因触发：农村水利破坏引发潜在的粮食危机，暴力强拆等问题引发底层的群体性事件，产业创新体系遭到破坏后单纯依靠房地产业。

一旦中国潜在的房地产价格风险发生，其经济可能性后果将是极其严峻和极具打击性的。

第一，房地产行业及其相关产业将会迅速下滑。房地产投资和住房消费的快速发展，有效带动了我国许多相关行业的快速发展。例如对钢铁、水泥、五金配件、木材、玻璃等原材料以及产品的需求都不断上升，互联网技术、移动技术、基于电子商务技术的生活服务行业以及交通等基础设施建设也将获得巨大的商机。一旦房产泡沫破灭，以上这些行业都会受到影响，甚至遭到严重打击。

第二，失业者将会急剧增加，诸多已经买房且正在还贷的"房奴"甚至会

迅速破产。一旦房地产价格风险发生，房地产业势必拖垮其相关产业，众多企业将会倒闭，失业者将会大量增加，而那些正在还贷的"房奴"将会因为还不上贷款而迅速破产。可以肯定的是，部分"白领"会随着房地产价格风险的发生而负债累累。

第三，可能引发更为严重的通货膨胀。一旦房地产价格风险发生，房地产领域近几年来大量吸收的巨额货币很可能迅速涌向粮食、食用油等基本消费品领域，一旦这些领域的货币供给大于需求，势必引发全面的物价上涨，进而引起更为严重的通货膨胀。

第四，经济增长可能会严重下滑甚至不增长。房地产价格风险的发生引起严重的通货膨胀，会使经济社会陷入混乱状态。即使社会的混乱状况得到有效控制，但其经济状况也可能像当年日本地产泡沫破裂之后那样，陷入短期甚至中长期的疲软状态。对此我们必须引起重视，冲破所有障碍，逐步消除已经存在的房地产价格风险。

第五，转变经济发展方式与建设消费型社会或许将推迟实现。房价的持续上升大比例地挤占了"刚需"部分人群的其他消费支出，使得我们转变经济发展方式与建设消费型社会迟迟不能实现。同时，部分百姓甚至因为拆迁问题被迫更换新的住所，不得不倾尽所有，许多家庭因此而由小康之家变成巨额负债的贫困户。如果房价泡沫破裂并拖垮其相关产业，那么必将使全社会的消费能力在现在基础上急剧下滑，从而使转变经济发展方式与建设消费型社会的目标缺乏微观基础，甚至推迟实现。

三、中国房地产市场价格风险的可能性政治后果

任何执政党都需要巩固和扩大其稳定的社会基础。中国政府推出的各种社

会经济政治政策如全面建设小康社会、践行科学发展观、建设和谐社会和树立"八荣八耻"观等，也都有利于更好地巩固和扩大我们党执政的社会基础。

但房价的不断上涨及其引发的社会后果等，却很有可能弱化党的执政基础，甚至是破坏党的社会基础，并加剧党执政的国际风险。房地产领域在很大程度上已经聚集了中国经济、政治和社会各个方面的矛盾与问题，房地产行业问题也已经成为中国政府目前所面临的最大政策挑战之一。

这可以从以下几个方面得到解释。

第一，房价高涨使得中国社会的生存和发展缺乏牢固的基础。社会的生存和发展需要一系列的硬件和软件基础设施。可以说，住房是一个社会的硬件基础设施，而社会保障、医疗与教育等方面是一个社会的软件基础设施。如果社会缺乏住房这样的硬件基础设施，而社会保障、医疗和教育等软件基础设施又不到位，那么这个社会的生存和发展就失去了基础。在中国社会生存和发展的软件基础设施不到位的情况下，中国的房价又持续高涨，这必然会加剧中国社会的生存难度，使得中国社会的生存和发展缺乏牢固的基础。

第二，房价持续上涨已经在中央政府和地方政府之间制造了麻烦，甚至还会带来后续麻烦，从而在政府与社会之间制造更多矛盾。房价的快速上涨给地方政府带来持续的利益。当中央政府调控房价时，客观上会减少各级地方政府的收入，而且调控前房价越是上涨则调控后房价就可能下降越多，从而地方政府的房产相关收入也就会减少越多。同时，房地产行业绑架中国经济以及为中国经济负责任的中国政府以后，就容易导致地方政府对普通百姓的服务质量下降，甚至扭曲服务型政府的根本属性，从而在政府与社会之间制造更多矛盾，积累起导致社会不稳定的因素。

第三，房地产行业客观上弱化了中国的中产阶级，阻碍着中国中产阶级的成长，使社会稳定缺乏坚强支柱。无论是在发达国家，还是在发展中国家，中产阶级都是社会稳定的支柱。因此，多数政府都会培养庞大的中产阶级队伍，否则国家治理恐怕难以为继。房价的不断高涨，使得中产阶级群体中的部分人群成为"房奴"，这就弱化了中产阶级队伍。同时，房价上涨还遏制着中国中产阶级的成长，因为中国的"80后"和"90后"人群虽然努力，但多数人很难靠自己解决自己的住房权问题。这对社会将产生严重的影响。

第四，普通居民尤其是中低收入居民的居住权得不到解决，会影响整个社会的稳定并破坏党执政的群众基础。当部分社会群体为了获得未来的较高收益，每人获得三四套甚至更多住房的时候，另外一些社会群体的住房权必然得不到实现。也就是说，前一群体用货币或者其他形式剥夺了后一群体的住房权，而前一群体实际拥有的住房数量又大大超越了住房权要求本身，即前者把本来应当属于别人的权利用于获取和投机更大的自我利益。前一群体之所以能够投机投资房地产，要么是凭借本身的财力资源，要么是凭借手中的权力、信息等资源，但结果都是一样的，即到处都在发生着以有钱有势者为主导的"圈房运动"。这实际上是住房的恶性投资投机问题，它会使这个社会丧失稳定的社会基础。当多数人不能实现或者被剥夺高度认同的住房权的时候，中国社会就会失去稳定的基础。

第五，房地产价格风险的持续积累，必然会使房地产行业成为中国经济最薄弱的环节，从而威胁国家经济安全甚至加剧执政的国际风险。国际敌对势力从未放弃对我国的战略威胁。如果中国的房地产价格风险持续积累，那么其不仅会导致房地产行业甚至国家经济变得更加脆弱，而且很可能因为战争威胁或者局部战争进一步加剧脆化。其更糟糕的后果是导致国民经济在房地产行业的滑坡中倒退。

第五节　房地产市场的风险管理

20世纪70年代以后,逐渐掀起了全球性的风险管理运动,美国、英国、法国、德国、日本等国先后建立起全国性和地区性的风险管理协会。房地产市场的风险管理是指通过房地产市场风险识别、衡量、预测以及选择有效手段,以尽可能降低风险损失,有计划地处理风险,促使房地产企业能够实现安全生产。这就要求房地产企业在生产经营的过程中,识别可能发生的风险,预测各种风险发生后对资源及生产经营活动所造成的消极影响,使生产能够持续进行。房地产企业进行风险管理的主要内容是风险识别、风险预测和风险处理。

一、稳定房地产市场宏观调控政策,防止价格大起大落

各直辖市、计划单列市和除拉萨外的省会城市要按照保持房价基本稳定的原则,制定并公布年度新建商品住房价格控制目标,并建立健全稳定房价工作的考核问责制度,从政策层面更加关注房价稳定工作,防止房价大起大落,从而规避由此带来的风险。

二、构建房地产市场投机程度的风险指标体系

房地产市场投机程度的风险指标体系主要包括3类具体指标。一是还贷收入比,即每月贷款还本付息额 / 家庭每月收入额。在正常情况下,该指标不能高于28%。二是个人抵押贷款乘数,即申请抵押贷款数额 / 欲购住房总价值。在一般情况下,有贷款保险时该指标为95% ~ 100%;无贷款保险时该指标为80%。如果指标值过高,则说明开发商手中待开发土地数量增加,房地产开发

企业对市场、地价和利率发展走势有较好的预期，对未来房地产价格走高有信心。三是投资性购房比例指标，即当年空置面积与出租面积之和／当年商品房竣工面积。该指标可以衡量房地产消费者的投资性购房行为，国际上公认的投资性购房警戒线为 20.5%。

第四章　房地产市场预期与预期管理

第一节　预期理论

一、预期理论的分类

（一）静态预期理论

静态预期理论假定经济主体完全依据已经发生的情况预估未来的经济形势。经济主体进行预期所依赖的信息仅仅是以往某个特定时期只考虑经济变量前期特定方面的信息，所有行为主体均采取同样方式进行预期并忽略学习效应。所以，经济变量的预期水平等同于经济变量的前期水平，这就意味着该经济活动没有随机变量的干扰。

在市场均衡状态被打破的情况下，只要经过充分竞争，市场价格就会自动恢复到均衡状态。但蛛网理论却证明了，经济系统不一定会恢复到均衡状态。这对预期农产品的价格变化有一定的解释力，但是容易忽略市场主体获取与分析信息的能力，所以其预测的准确性不够好。

（二）外推预期理论

静态预期理论具有与生俱来的缺陷，那就是其假定市场价格固定不变，但市场价格并不是一成不变的。对未来价格的预测不仅要考虑过去的价格水平，而且要考虑经济变量未来的变化趋势。

外推预期理论将人群区分为乐观者和悲观者两类,考虑了人们的预期情绪。在外推预期理论模型中,预期参数值的正负取决于人们的预期情绪。由于预期主体乐观与悲观情绪不同,从而容易得出极不相同的预期结果。

(三)适应性预期

适应性预期理论认为经济主体常常根据以往预期决策中犯下的错误来修正当前和以后的预期决策。该理论被美国货币主义经济学家弗里德曼关注,从而被引入货币与通货膨胀问题的研究领域。

从本质上来说,适应性预期是一种反馈型预测,往往根据以往的实际成交价格与预期价格的差异来修正当期或者后期的预期数据。在这种预期之中,经济主体会根据前期的预期误差来调整当前的预期值。

经济主体对未来的预期信息均来自过去,他们会根据以往时期的实际成交价格和预期价格误差进行加权平均修正,不考虑其他相关变量的未来情况。从时间角度比较,适应性预期更加重视近期价格信息,赋予其更大权重,而价格信息的时期越久远,则所占的权重越小,且呈几何级数递减。适应性预期理论认为,上期的价格信息对预期价格的形成至关重要,价格信息时期越久远就越不重要。

(四)理性预期

理性预期理论认为人们在对某种经济现象进行预期的时候有足够的理性,会充分利用所得到的全部信息来做出决策,以谋求自身利益的最大化,而不会犯系统性的非理性错误。所谓的理性预期是指经济当事人面对不确定的未来时,为了获得最大收益或者为了避免风险,运用过去与现在一切可以获得的信息资源，对所关注的经济变量在未来的变动状况做出尽可能准确的预测。

理性预期理论只是说明经济主体会根据已经掌握的信息对未来做出无偏估计，但这并不能说明理性预期的主观估计值与客观实际值完全一致。如果两者不一致，那么这种误差值只能来自无法预知且无法改善的随机干扰项。在理性预期的假定下，经济行为主体所面对的风险是非系统性的风险，信息不断充分的过程实际就是不断修正非系统性风险的过程，也是预估值不断接近实际值的过程。

二、完全理性预期到有限理性预期

理性预期学派开始关注有限理性假定，通过学习有限理性使得预期均衡趋于收敛，从而实现强化理性预期理论的目的。理性预期给经济模型强加了两个要求：个人理性和认知一致性。当进行量化时，理性预期认定模型中的经济行为人（他们用平衡概率分布来评估欧拉方程）与计量经济学家相比掌握更多的知识信息，以至于经济行为人以某种方法解决了计量经济学家面对的估计和推理难题。

在继承有限理性思想上，对理性预期理论的其他发展包括理性疏忽、黏性信息预期、孔明预期学说。

理性疏忽理论避开关于信息是否完备与信息是否有成本的直接争论，而是重点区分所有可供利用信息与经济主体做决策时实际使用的信息，认为实际使用信息只是可供利用信息中的一部分。理性疏忽理论认为，经济主体往往采用局部信息代替全局信息，通过使用部分信息而非全部信息来降低信息成本，以追求决策结果的局部最优而非全局最优。

信息的获取和处理是有成本的，我们可以通过采用过去信息代替当期信息的方法来降低信息成本。由于存在有限理性和信息成本，经济主体在做决策时不会经常更新信息与预期，而是用过去信息代替当前信息进行理性疏忽，从而追求局部利益的最大化。所谓的黏性信息预期是指用过去信息代替当前信息、用异质性预期代替同一性预期的预期方法。

孔明预期是更高阶段的理性预期形式。所谓孔明预期是指极少数经济主体采取科学的预测方法，完全预测到经济变量将要发生的所有变化，而且预测结果与实际结果完全一致。

第二节　房地产市场中的预期及其传导机制

一、房地产市场的特殊性

（一）信息不充分

市场信息包括商品的价格、质量、档次、供求情况等方面。然而在政府垄断土地一级市场的情况下，中国房地产市场的买方和卖方对房地产情况的掌握程度不尽相同。信息不充分性是房地产市场的首要特征，这主要表现在：①权属关系信息不对称，比如审批手续、建设权、所有权等；②价格信息不对称，卖方比买方拥有更多关于房地产成本、质量等方面的信息，导致卖方拥有绝对的信息优势并垄断商品房价格，但买方往往因为缺乏足够的信息而被迫接受高昂的价格并承担风险；③商品房的质量信息不对称。信息不对称的问题使得开发商能够充分利用自身的信息优势，使购买者形成不正确的市场预期，使得商品房的成交价格往往高于充分竞争市场下的均衡价格，损害购房者的正当利益。

（二）区域性较强

房地产市场的商品天生具有不可移动性，商品房的生产地就是消费地区，这使得房地产商品无法进行跨地区的流动，有效的消费需求在大多数情况下只能是出自本地区内有条件的消费者。房地产市场大多自成体系，被分割为许多区域性市场，不同区域的房地产市场的发展程度千差万别，同一类型的商品房由于区域不同而价格迥异。

（三）时滞性

时滞是指某种因素的变动需要经过一段时间的传导，才能使其他因素产生反应，即在时间上存在的滞后性。房地产投资因为投资大、周期长、宏观经济形势复杂等特点，存在明显的时滞性。这表现为土地供应（出让）的时滞性、商品房建设与交房的时滞性等。房地产市场供不应求时，商品房建设也无法调整生产，难以平抑市场需求。

（四）垄断性

房地产商品由于信息不对称、投资规模庞大、建设周期过长等特点，使得房地产市场具有明显的垄断性。这种垄断性表现在三方面：一是建设用地的异质性，任何地块均不可移动、无法复制，从而存在垄断地租；二是政府垄断土地一级市场，决定着出让什么地块和出让多少；三是开发商凭借信息优势垄断房地产市场的价格，获取超额利益。

（五）服务的专业性

房地产市场是一个细分的市场，从事权益交易服务的工作人员具有专业性强的特点，比如土地估价师、建造工程师、房地产评估师、建筑设计师、室内装修师、律师、房地产经纪人、物业管理师等，他们在各自的服务领域提供着专业性比较强的专业服务。

此外，房地产市场还具有一定的反经济周期的特性。在经济繁荣发展时期，货币会随着物价上涨而贬值，此时房地产起到使财富保值增值的作用。在经济下滑时期，房地产投资可以带来国民收入增加和就业增加的效果，对于稳定经济形势与稳定社会起到良好作用。

二、预期在房地产市场的地位

在现实世界里，经济活动的参与者往往只具有有限理性，因为有效信息是稀缺的、不完整的。因此，预期在房地产市场决策中有着重要地位，其本质是预测与决策相关的经济变量的未来值。预期正确与否对于当期决策来说非常重要。此外，有限理性也导致了理性预期只能尽量拟合未来的均衡值，却不能实现完全预测，真实的未来值往往伴随着报酬的不确定性。

我国现行的经济制度明确规定，土地归国家所有。政府垄断了土地一级市场，决定着建设用地的供给数量、供给方式、供给时间以及建设规划和项目审批等环节，在房地产市场中发挥着主导作用。政府的宏观政策变化也会显著影响公众的理性预期，预期在房地产市场中占据重要地位。合理的公众预期，有利于房地产市场调控政策的推行；不合理的公众预期，会消解房地产市场的调控效果，阻碍政策目标的实现。

三、预期在房地产市场中的应用

受到卢卡斯、萨金特、华莱士等学者的大力推动，理性预期成为宏观经济理论最主要的理论范式之一，被广泛应用于农产品市场、房地产市场、货币市场等许多领域。

预期在房地产市场中的使用情况，可以从以下几个方面进行解释：①居民的心理预期会影响房地产价格的波动；②房地产市场中的预期变化，导致房地产市场周期性的繁荣或者萧条；③居民的预期收入、房地产企业的预期收益是房地产行业出现繁荣或萧条局面的主要因子；④对未来生产力状态、房地产供应量、投资成本、利率、通货膨胀以及中央银行政策目标等预期的变化，促成了房地产市场繁荣与萧条的周期循环。

四、预期在房地产市场中的传导机制

预期在房地产市场中发挥作用，需要经过一系列的传导过程。在这个过程中，市场的每个参与主体都会根据自己所掌握的过去的信息与当前的信息对未来的房地产价格进行预测。然而，不同的经济主体会形成不同的预期结论，这是因为各个经济主体所掌握的信息数量与质量不同，各个经济主体的预测能力也是千差万别。但是，如果整个市场的预期被某种主流观点所控制，就会形成占据主导地位的公共整体预期，进而影响房地产调控政策的制定和实施，影响宏观经济运行。新的宏观调控措施与新的经济情况会反过来影响各个经济主体的判断，使其调整当初的预期，形成新的公共整体预期。

预期在房地产市场发挥作用的过程中，具有不确定性和黏性双重属性。之所以产生预期的不确定性，是因为房地产市场的每个经济主体之间具有异质性，他们获取和分析信息的能力不同，调整预期的力度与方向不同，学习能力不同。之所以产生预期的黏性，是因为房地产市场的每个经济主体调整预期需要一定的时间。预期的不确定性与预期黏性在一定程度上会放大或者缩小甚至逆转当初的预期，从而加剧经济波动。如果房地产市场繁荣，则乐观的预期会导致该市场过热；如果房地产市场萧条，则悲观的预期会使其更加萧条。

第三节 房地产市场的预期管理

一、建立市场化、可置信的房地产顶层调控制度，稳定市场供需预期

目前的房地产调控政策涉及土地政策、税收政策、金融政策、社会管理政策等多个方面，具有反复性、短期性、反市场周期性等特点，"相机抉择"的凯恩斯主义性质比较明显。而多个管理部门之间往往因为协调不足而加剧政策调控的不稳定，甚至出现政策对抗，不利于形成长期稳定的调控制度。房地产调控政策也因此成为一种"不可置信性"的市场威胁，难以达到预期的调控效果。

因此，政府有必要建立长期稳定的、具体明确的、适合市场需求的调控制度：一要建立长期稳定的住房供给调控机制，明确每年的有效供给数量，并改善房地产市场的产品供给结构，增加中小户型普通商品房的供应；二要支持合理的住房消费需求，抑制投资投机需求；三要完善差别化的住房信贷政策，并形成长期稳定的制度安排；四要建立住房保障制度，明确每年的供应增量并做到分配合理、有效监管，确保对低收入人群与外来务工人群应保尽保，以稳定市场需求。这样，房地产市场调控就可以从"相机抉择"转变为"固定规则"，起到稳定市场供需预期的作用，从而使"不可置信性"威胁转变成"可置信性"威胁。

二、改变地方政府的考核方式，引导地方政府预期，使其严格履行调控责任

房地产市场的特点之一就是具有明显的区域性，各级地方政府是落实房地

产调控目标的关键环节。地方政府能否严格履行调控责任，决定着宏观调控措施是否能够达到预期目的。以 GDP 为主要内容的地方政府考核制度，使得地方政府更加重视本区域经济能否实现稳定增长。另外，自上而下的"一把手"任命机制，使得官员具有谋求 GDP 政绩的巨大内在冲动，不断透支本区域未来的经济发展能力。

因此，国家要改变对地方政府的考核方式，引导地方政府预期，尽快建立地方政府承担房地产调控责任的考核机制：一要进行税收制度改革，改变地方政府依赖土地的财政困境；二要把稳定商品房市场与增加保障房供给作为重要的考核指标引入地方政府的政绩考核体系，使其建立明确的考核预期，从而严格履行调控责任。

三、加强媒体引导管理，使全社会形成合理房地产市场预期

房地产市场各个参与主体对房地产市场进行预期所依赖的信息，往往来自网络、报纸、电视等媒体。媒体在房地产市场调控中所扮演的角色十分重要，尤其是具有较强影响力的主流媒体更是如此。因此，政府要加强对媒体尤其是主流媒体的监督与管理，使其宣传真实的房地产价格信息与政府管理部门的调控目标，杜绝开发商的虚假宣传与销售等乱象，从而引导各个经济主体形成合理的市场预期，最终实现房地产调控目标。

第五章 房地产业持续发展的动力

第一节 城市化与房地产经济关系

中国的经济体制改革为房地产经济发展提供了制度平台，中国的城市化则为房地产经济发展提供了源源不断的动力。这既是经济社会发展规律的体现，也是中国政府顺应时代潮流，谋求经济和社会转型升级的大战略。因此，我们研究房地产经济问题，必须同时研究中国的城市化。

一、中国城市化必要性研究

20 世纪 90 年代，中国经济发达地区农业规模经营和城市经济快速发展，共同推（拉）动农村剩余劳动力进城务工，形成所谓的"进城务工潮"，这是改革开放以来民间自发的城市化。

（一）农业规模经营呼唤城市化

针对理论界对规模经营的不同看法，我们不能把规模经营看作单项独进的工程，而应把它与农业内部结构调整和城市化进程结合起来分析。从我国情况来看，农村剩余劳动力有两条出路：一条是通过发展农产品加工业将农业剩余劳动力转移出去；另一条是主要出路，即使农村剩余劳动力流向城市或中心集镇，提高地区城市化水平。

（二）城市化滞后的八大弊端

城市化与工业化相互依存、同步发展，是各国经济和社会发展的普遍规律。城市化滞后于工业化，主要是指农村人口在社会总人口中的比重过高，不仅同农业增加值在 GDP 中日益降低的比重不成比例，而且同农业劳动力在社会总劳动力中的比重也不成比例。

第一，城市化滞后抑制消费需求增长。农村居民消费需求远低于城市居民是不争的事实。

第二，城市化滞后阻碍社会劳动生产率的提高。农业生产的特殊性决定着其劳动生产率与户均耕地数量直接相关。多年来我国农村人口不断增长，而耕地不断减少，使户均耕地日益减少。

第三，城市化滞后妨碍农业产业化进程。农业产业化是农业现代化的基石，农业产业化程度提高，内靠农业专业人才和资本积累，外靠市场需求不断扩展，城市化滞后对此也起着相反的作用。从农村内部看，过多劳动力滞留在农村，导致农业副业化，农业专业人才极难产生，即使培养出来，也缺乏用武之地。农户经营规模狭小，资本积累缺乏源泉，即使他们拥有较多资本，受农地规模限制，也不可能有较高效益。

从外部看，城镇人口比重过低，农产品市场扩展困难。就如现在这样，三个农民供应一个市民，农产品需求相对狭小。农业一丰收农产品就难卖，一歉收农产品缺口就很大。农民"既盼丰收，又怕丰收"，政府则总是处于"因歉收而担忧，因丰收而尴尬"的境地。因此，我们要用大视野审视农业问题，只有加快农村人口向城市转移，扩大农产品需求市场，农业产业化才有光明的前景。

第四，城市化滞后阻碍城镇建设和城市中心功能的发挥。各国城市发展历史告诉我们，农村人口不断向城市转移，是城市建设发展的主要动力和源泉。

毫无疑问，农村人口大量流向城市，会产生城市就业、住房、治安、环境等方面的诸多社会问题，但这些问题毕竟是发展中的问题，可以在发展中逐步得到解决。从某种角度看，城市建设发展过程也就是这些问题不断产生和解决的过程。如果农村人口向城镇转移受阻，城镇建设就缺乏动力和压力。

第五，城市化滞后阻碍产业结构调整和第三产业发展。城乡人口比例是第一、二、三产业运营比例的基础。

第六，城市化滞后影响国民素质的提高。国民素质是决定国力强弱的主要因素。半个世纪以来，我国国民素质有了明显进步，但是受城市化滞后影响，总体落后的状况并没有得到根本性改变。

第七，城市化滞后影响环境保护和治理。防治环境污染是各国工业化面临的共同课题。

第八，城市化滞后影响建设用地的集约使用。城市化过程既是城市规模扩大过程，也是建设用地使用的集约化过程，我们要从切实保护耕地、节约使用每寸土地出发，必须使城市化与工业化相适应。

综上所述，我国城市化严重滞后于工业化，对城乡经济和社会发展产生种种消极影响。当前，我国在生产、消费、人口、环境和土地等方面存在的许多问题，无不与城市化滞后相关。当务之急是明确加快城市化进程的巨大战略意义，通过制度创新尽快扭转城市化滞后局面，同时以此为枢纽扩大内需，调整结构，这样定将使城乡建设在世纪之交出现质的飞跃。

（三）城市化滞后：扩大内需的深层梗阻

20 世纪 90 年代后期，扩大内需成为政府宏观调控的重要措施，但是政府单纯地扩大投资规模不能解决根本问题，难以从整体上提高经济和社会发展水平。

1. 我国城市化明显滞后于工业化

工业化使工业劳动生产率大大高于农业生产率，工人收入明显高于农民收入，必然吸引农村人口向城市转移。这样不仅满足了工业发展对劳动力的需求，促进了工业规模经营，而且为不断增加的工业产品提供了市场。因此，工业化导致城市化，城市化反过来促进工业化。农村人口向城镇转移，成为工业化时期各国经济和社会发展的总趋势。

2. 城市化滞后对需求增长的制约

城市化滞后从多方面阻碍需求正常增长。首先，它阻碍农村需求增长。农民有效需求增长依赖于农民收入增长，归根结底取决于农业劳动生产率的提高。因此，我们要扩大农村有效需求，就必须加快城市化步伐，彻底解放农村剩余劳动力。

其次，城市化滞后阻碍农民消费向市民消费升级换代。农村居民的消费倾向之所以偏低，一方面因为农村的社会保障明显不如城镇；另一方面因为城乡消费观念、消费习惯、消费心理、消费条件和消费环境均有较大差异。城镇消费环境集中，相互攀比和诱惑等外部刺激作用大；农村消费则具有分散性和封闭性，其客观上削弱了消费的动力。城乡人均消费需求之差大于城乡人均收入之差，主要是非经济因素在起作用。因为消费需求既是一种生理需求，也是一种社会心理需求，我们若能改变居住环境，使具备一定条件的农村人口迁往城市，必将引发消费需求量和质的全面提高。

再次，城市化滞后制约城市建设需求增长。城市化过程既是农村人口向城市的转移过程，也是城市建设不断发展的过程。城市之所以具有农村不可比拟的人口承载力，不仅是因为它有许多工厂、商店和住宅，而且因为它有完善的基础设施和庞大的公共服务系统，能有效满足市民的各种需求，解决人口聚居带来的种种问题。这些都是城市建设巨大投资的结果。农村人口向城市转移，使城市中心作用不断加强，为城市建设投资提供了源源不断的动力。若农村人口向城市转移受限，不仅限制了城市的积聚效应和其中心功能的扩大，而且影响城市建设需求的增长。我国加快城市化步伐，必将大大刺激城市建设投资，使其跃上一个新的台阶。

此外，城市化滞后，两栖人口或流动人口过多，还制约着民间直接投资需求。因为从农业中转移出来的劳动力，无城镇户口，在城镇无固定住所，无正式职业，不能享有普通市民待遇，他们即使积累了一定数额的资金，在缺乏必要保障的条件下，也不愿在城市投资。其家乡则土地切块承包，规模狭小，更缺乏投资条件。因此，除了在农村盖房，他们更多选择储蓄。若政府能扭转城市化滞后局面，允许并鼓励两栖人员在城镇定居，必将大大激发这批先富起来的农民对第二、三产业的投资热情，促进城镇经济进一步发展。

3. 加快城市化进程的可行性

我国城市化滞后还有其深厚的思想基础和利益背景，人们只有转变观念，理顺关系，瓦解阻碍城市化的观念壁垒和利益壁垒，才能彻底扭转城市化的滞后局面。

从思想观念方面看，城市化滞后首先根源于工业化目的的偏差，即政府片面追求工业产值比重，忽视农村大多数人的发展，颠倒了物与人的关系；其次根源于人们对城市功能与作用的认识偏见，即人们对城市发展中出现的问题看得过重。

各国城市化和现代化的史实已表明，城市化在扩大社会分工、促进规模经济、降低交易成本、满足人的多方面需求和提高人的素质等方面，具有巨大而深远的作用。城市化过程中产生的就业、住房、交通和环境等问题不可忽视，但它们属于发展中的问题，可以在发展中逐步得到解决。因此，政府只有转变观念，确立以人为本的发展观，以全面、发展的观点看待城市化问题，才能加快城市化步伐。

从经济关系方面看，城市化滞后根源于城乡利益矛盾，突出表现为政府担心农民抢市民的"饭碗"。有的地方政府甚至制定行政条例，限制外来人员进入城镇部分行业和企业。这种做法限制了公民自由、平等的择业权利，同时也违背了市场经济运行原则。政府只有打破地方封锁，建立统一开放、竞争有序的市场体系，才能使生产要素得到优化配置，真正实现人尽其才、物尽其用。排斥劳动者就业竞争的做法，既不利于劳动者提高技能水平，也不利于企业提高劳动生产率。政府鼓励乡镇企业向城镇集中，让已有正当工作和合法收入人员定居城镇，他们新增的投资和消费需求必然产生联动效应，从而加大社会总需求，增加城镇就业机会。因此，城市化步伐加快，不仅使农村居民分享城市文明成果，而且使城镇居民从城镇扩展中获得好处。总之，政府要扭转城市化滞后局面，必须摒弃城乡利益对立论，认清城乡利益的互补性。

综上所述，我国城市化进程明显滞后于工业化进程，阻碍需求增长，已成为我国经济持续快速发展的深层梗阻。城市化步伐加快，可以起到理顺关系、扩大内需和优化结构等多重作用。改革开放以来，我国城镇建设高速发展，农业生产技术不断进步，为扭转城市化滞后局面创造了种种有利条件。只要我们解放思想，抓住机遇，加快城市化步伐，就可以变被动为主动，为扩大内需扫清障碍。

二、城市化与房地产业发展

在世纪之交，中国政府做出决策，实施城镇化发展战略。这不仅是当时应对亚洲金融危机和扩大内需的战略选择，也是 21 世纪中国社会和经济持续协调发展的战略选择，为房地产经济发展创造了难得的历史性机遇和挑战。

（一）房地产发展历史性的机遇

城市化是世界各国社会和经济发展的共有现象和规律。随着农业劳动生产率的提高，农村劳动力开始过剩，与此同时，城镇第二、三产业规模不断扩大，收入较高，也吸引更多人参与。农村人口向城镇转移，不仅满足第二、三产业发展对劳动力的需求，而且形成巨大的消费群体和购买力，反过来又推动经济增长和结构的调整。历史显示：各国经济和社会发展过程，是城乡联动以及工业化和城市化相互依赖、相互促进的过程。为此，有人把 20 世纪称为"城市化世纪"。我国把城市化作为一种重要战略，列入社会和经济发展规划，将大大加快 21 世纪农村人口向城镇转移，自然也给城镇房地产业带来历史性的发展机遇。

房地产行业中纵贯房地产投资开发、经营管理和服务，主要为城镇建设特别是为住宅建设服务。改革开放以来，我国城镇土地开始实施有偿和有期限使用，职工住房分配转向货币化，房地产业有了合适的体制环境，获得快速发展，为城镇建设和市民居住条件改善做出了巨大贡献。

但是，不可否认，随着房地产业的发展，商品房闲置面积也在不断增长。商品房供过于求，有盲目开发和价格、质量等多方面原因，可是多年来农村人口向城镇转移困难，导致城市化水平低，城镇的人气不足，房地产市场狭窄，不能不算是一个主要原因。作为工业化生力军的乡镇企业分布在农村，当了工人的农民普遍"离土不离乡""进厂不进城"。即使在城镇有相对稳定的职业和收入来源，他们也要也受城乡分割户籍制度的制约，难以在城镇购房落户。所谓凭当地城镇户口入学、招工，控制农转非指标和对外来人员征收高额的城市增容费，都是限制农村人口向城镇转移的手段，当然也限制了城镇扩展，限制了房地产经济的发展。

总之，城市建设和房地产经济发展，归根结底受城市人口总量的限制。从城市化角度看，目前我国城镇商品房闲置或过剩，仅仅是相对于原城镇居民需求的过剩，是二元经济结构和城市化滞后状况下的过剩。

实施城市化战略，房地产市场会有历史性的拓展。首先，率先取消城乡户籍迁移障碍的城镇商品房供需两旺，就是最有力的证明。其次，住宅建设必然连带房屋装修。再次，城市化必将扩大城镇基础设施建设。

由此可见，城市化战略的实施将给房地产业发展带来市场需求。上述三种巨大而又持续不断的需求，仅以目前水准计算，其中还不包括城市化引发的城镇第二、三产业规模扩大和其他消费需求的增长。

总之，我国人口众多，城市化水平低，在各项体制逐步理顺、社会总供给大于总需求的大背景下，政府要加快城市化进程，房地产业有望在众多产业中独领风骚，获得持续快速增长。这是一种难得的历史性发展机遇。

（二）城市化对房地产经济的全方位挑战

城市化既为房地产业发展提供了难得的机遇，同时也在资金、技术和管理等方面，对担当城镇建设重任的房地产业提出了更高的要求，形成全方位的挑战。

第一，在资金方面，城市化要求扩大城镇规模，需要巨额资金建设城镇基础设施，普通开发商难以承担。此类建设投资额大，回收期长，而且效益外溢，属于公共产品建设，所以大多只能依靠政府公共投资。政府虽然每年也有这方面的支出，但要为城市化而大规模扩大基础设施建设，地方的财政普遍无能为力。

中央政府实行积极财政政策，扩大基础设施建设，近年来效果明显。但是，其在未来继续实施积极财政政策的余地并不大。因为政府债务负担不能只看国债余额占 GDP 的比重，如果加上不良金融债务和社会保障欠债，目前政府债务负担已不轻了。何况我国的债务依存度（当年国债发行额占当年财政支出的比例）已经相当高。因此，财政赤字继续增加，风险太大，缺乏可行性。至于过去采用的以卖户口和征收高额城市增容费等形式筹集城镇建设资金的做法，不仅所筹资金有限，而且有悖于城市化战略，难以为继。总之，要加快城市化进程，资金首先是个大难题。

第二，在技术方面，城市化不仅要求扩大城镇规模，而且必须优化城市布局，强化城市功能，这是城市化不可缺少的"质"的规定。只有这样，才能在结构调整中实现产业升级，满足国民提高生活质量的要求。因此，以技术进步为内涵的城市化，必将挑战我国城市建设和房地产业惯有的粗放型增长方式。

鉴于住宅建设在房地产业中的主体地位，房地产业增长方式的转变，主要集中在住宅产业现代化上。住宅性能包括适应性、安全性、耐久性、环境性和经济性五个方面，住宅质量是这五种性能的综合体现。

由此可以推论，依靠技术进步提高住宅建设质量，应当体现在规划设计勘测技术、材料和部件生产技术、建筑施工安装技术、住宅设施配套技术和住宅功能质量检测技术等若干方面。

我国住宅建设技术虽然在不断进步，但是离住宅建设现代化仍有较大差距。如城市规划超前意识弱，统一性和权威性低，科技进步对住宅产业的贡献率不到30%，而同期发达国家为60% ~ 80%。住宅生产方式基本上仍是手工操作、湿作业劳动，劳动生产率相当于先进国家的1/7，单位能耗是发达国家的3 ~ 4倍。房地产产业化程度低，系列化产品不到20%。因此，利用城市化发展这一历史性机遇，加快房地产业技术进步，是城市化有效推动社会全面进步的关键。

第三，在管理方面，城市化扩大了房地产市场需求，但同时也要求有关方面加强房地产市场监管，健全房地产行业管理，规范房地产企业行为，使进城居民无论购房还是租房，都能称心、安心和舒心。显然，这是对目前我国房地产业各类管理的挑战。

现代任何产业的发展，都需要规范、高效和至诚的管理。国家之间、部门之间、企业之间的竞争，表面上是价格、品种、功能和服务等的竞争，实质是技术和管理的竞争。管理是一种无形资源，向管理要效益是世界的普遍呼声。

在房地产领域，管理显得格外重要。因为房地产商品价值大，使用周期长，交易成本高，所以人们购房特别慎重，怕上当受骗，怕隐蔽质量问题，怕售后服务差，迫切要求规范房地产市场管理、行业管理和企业管理。我国房地产业因形成时间相对较短，所以各类管理相对薄弱。在市场上不乏广告误导、价格欺诈、不平等格式合同；在行业内政企不分，垄断、不正当竞争、非法转包情况严重；在企业内缺乏有效的动力机制和约束机制，活动效率低，随意性大。近年来，这些问题虽有所减少，但没有根本好转。房地产业如不能通过管理现代化切实克服这些问题，就难以满足城市化发展的需要。

（三）对策和建议

不可否认，在计划经济时期，政府利用多种手段严格控制基本建设投资是必要的。在土地使用制度变革之初，房地产业营运曾一度极不规范，政府为遏制土地炒卖而采取的行政经济措施也极为必要。但是，这毕竟是特定环境的产物。在正常环境下，房地产业直接为城市建设特别是住宅建设服务，是体现社会整体利益和长远利益的具有很强公益性的产业。因此，对于一般房地产投资和流转，政府不仅不应限制，而且应给予鼓励，包括在税费方面实行对为居住而购买的普通住宅的免税制度，房地产建设投资的所得税豁免或返还制度等。

古人云，有恒产者有恒心，说明投资不动产对社会具有积极意义。考虑到房地产业在城市化中的重要地位和作用，政府应改变传统对房地产业的管制政策，使房地产业在宽松的政策环境下为城市化做出应有的贡献。

针对资金短缺问题，政策制定者只要统一认识，就可扭转目前资本市场房地产板块偏小与其产业比重不协调状况，支持符合条件的房地产企业上市，解决房地产骨干企业资金短缺问题。此外，我们还可学习国外开放房地产金融二级市场的经验，使房地产抵押贷款债权证券化，分散和转移银行信贷风险，利用多种资本市场确保房地产投资长期资金供给。

优化行政服务和强化行政监督，是政府转变自身职能，提高管理水平不可偏废的两个主要内容。因此，政府对房地产业发展的支持，还应体现在加强房地产市场监管和城市规划监管上。如前所述，目前我国房地产市场秩序（包括商品房交易秩序和建筑市场秩序）不尽如人意。有的市民花费毕生积蓄购得住房，结果因房屋质量问题和售后服务问题，等于买了包袱。这种现象虽然不是很多，但影响极坏，扰乱了市场秩序，抑制了房地产有效需求。我国城市规划统一性和权威性低，与规划部门平时沟通少、执行规划督察不力有关，这导致城市建设和房地产开发整体水平不高。因此，强化房地产市场秩序监管，加强规划部门与社会各方面的沟通，提高城市规划执法力度，是城市化进程中房地产业健康发展不可缺少的保障。

从房地产企业方面看，也应通过观念、技术和制度创新，适应城市化发展的需要。观念创新包括在房地产经营战略中确立租、售并举理念和住宅一、二级市场联动理念，在住宅质量体系中确立可持续发展理念，在市场营销中确立品牌理念，等等。在企业创新体系中，观念创新是龙头，企业忽视观念变革，就难有技术和制度创新。

技术创新对房地产开发经营是关键，只有技术创新才能切实提高房屋质量，满足城市化进步的要求。当然，技术创新首先要集中力量解决房屋质量通病，企业应依据"没有最好，只有更好"的标杆管理理念，不断推出新材料、新功能、新房型，在推进部品生产专业化过程中注意处理好标准化和多样化的关系，实现城市建设科学化和艺术化的统一。此外，技术创新涵盖硬技术和软技术，企业应结合树形象、创品牌，加强企业文化和小区文化建设，使城市建设和房地产业发展具有更丰富的内涵。

企业制度创新主要包括建立现代企业制度和实现房地产产业化。房地产企业中有很多是国有企业，产权模糊、政企不分比较突出。产权多元化可以明晰产权关系，转变企业经营机制，可以克服国有企业陋习，同时取得制度优势和规模优势，以适应市场经济发展要求。

重视行业内部战略协作，推进住宅部件生产专业化，加快行业产业化进程，是房地产业现代化的必由之路。这是一个以功能为目标，以市场为导向，以专业化生产为基础，把规划和设计、生产和施工、销售和管理融汇在一起，用现代居住理念、高科技手段和集成化管理联合建成的房地产工业化体系，是制度创新和技术创新的有机结合。房地产企业如能利用城市化机遇，摒弃小生产方式，加快专业化、产业化进程，就能在城乡结构调整中有效实现产业升级。这是 21 世纪城市化给房地产业带来的最好礼物。

第二节 新型城镇化与房地产经济发展

一、转变经济发展方式和扩大内需的战略选择

当前的首要问题是我们应反思原有发展方式的内在缺陷，真正确立以改善民生为目标的发展方式，以改革城乡分割的户籍制度为切入点，设法使已进入城镇多年且有稳定职业的进城务工人员及其家属在城镇定居，把他们纳入城镇居民基本社会保障体系。如此才能大范围扩大国内消费需求，推动经济发展方式由数量型、速度型向质量型、效益型转变。因此，准确地讲，做实城镇化才是转变发展方式和扩大内需的战略选择。

（一）做实城镇化对转变经济发展方式和扩大内需的战略意义

首先，做实城镇化是以实际行动端正经济发展指导思想，以改善民生为目标，以结构调整为重点，实现由数量型、速度型发展向质量型、效益型发展转变的最务实的行动。

两栖型城镇化实质是我国数量型、速度型发展方式的产物。无视转移人口在城镇的安家定居问题，结果是劳动力的流动与劳动者权益保障不配套，人口的转移与安家落户不配套。这样的城镇化充其量为国际产业资本转移和城镇基本建设提供众多廉价的劳动力，固然使 GDP 快速增长，却不能有效缩小城乡收入差距，不能有效提高迁移人口的生活质量，不能扩大基本劳动群体的消费需求，不能为经济和社会发展提供持久的内在动力。因此，两栖型城镇化与做实城镇化的区别，根源于经济发展指导思想的差别。

其次，做实城镇化的关键是解决亿万迁移人口在城镇定居问题，并赋予他

们应有的基本社会保障权利，由此才能有效扩大中低收入群体居住需求，连锁拉动其他消费需求，这是实现我国经济持续增长不可或缺的内生动力。

安居才能乐业，目前我国城乡居民中居住条件最差的莫过于进城务工人员群体。消费创造生产，住房需求属于基础性和领先性消费需求，由此可以连锁带动家具和其他生活设施需求，扩展消费和生产空间。

再次，做实城镇化要求改革不良体制，消除或缩小由此造成的社会矛盾和收入差距，减少人们因长期流动性就业产生的种种短期行为，营造安居乐业氛围，这也是消除社会不稳定因素、建设和谐型社会的战略举措。

现在人们都意识到建设和谐社会的重要性，和谐就是幸福，和谐就是力量的源泉。对建设和谐社会威胁最大的是管理体制僵化产生的矛盾和冲突。做实城镇化意味着消除农村人口向城镇转移的体制障碍，消除农村劳动者在城镇就业和职业发展方面的体制障碍。由此，政策性流动人口会大幅度减少，工作的稳定性和生活的安全感会明显提升，人人平等就业、安居乐业，这是建设和谐社会最基本、最重要的战略目标。

（二）做实城镇化的关键措施

第一，政府必须在总体上反思我国以往经济增长方式的缺陷，包括城镇化进程中重人口流转数量而轻人口生活质量的倾向，由此转变发展理念，确立以科学发展观为指导，以改革和创新为动力，以改善民生为目标的新的战略方针；在此基础上，把扩大内需的重点由生产转向生活，把改善城镇社会保障的重点由存量转向增量，重点解决城镇化过程中有稳定工作的进城务工人员及其家属在城镇的定居问题。

第二，在鼓励有条件的进城务工人员及其家属在城镇落户定居的同时，中央和省级政府应当出台鼓励地方基层政府落实新政的配套政策。做实城镇化的表面障碍是户籍制度，其根源却在于地方政府缺乏相配套的财力和动力。为此，中央政府应遵循财权和事权相匹配的原则，按照城镇化过程中入迁户籍人数，特别是跨省、跨市入迁城镇户籍人数，给予地方政府必要的专项财政补贴，同时根据跨城镇新迁入人口数量，配给一定数量的城镇建设用地计划指标，由此增强相关城镇吸纳农村人口的动力和财力。

第三，各级政府要创新区域协调办法，以迁移户将农村原承包土地和住宅用地全部归还集体为条件，给予其入迁时一次性在城镇安居的权利。目前不少城市已出台农村住宅置换商品房的政策，但这些做法都局限在本行政区域内部，无法跨省市实施。如果迁移者原籍地方政府和农村集体组织出台配套政策，对农户放弃土地权属给予必要的经济补偿，鼓励他们在城镇谋生，就能增强其在城镇安居的能力。另一方面，迁入方地方政府如能按照入迁人数享受城镇化补贴和增加建设用地指标，也就有责任和动力妥善处理迁移人口的居住问题。如此一来，两地共同支持，就能有效解决入迁户在城镇安家定居问题。

总之，两栖型城镇化弊端众多，做实城镇化是转变我国经济发展方式的必然要求，也是扩大内需、增强经济内生动力的最优战略选择。只要政府转变经济发展理念，注重结构调整和社会稳定，注重发展质量和改善民生，创新协调办法，落实相关配套措施，就一定能做实城镇化，给经济发展增添更强的动力和活力。

二、放开中小城市户籍限制

为了应对"半城市化"或"两栖型城市化"的状况，我国不少城市尝试推行居住证制度，逐步为流入本地区并能稳定就业的人员办理落户手续。地方政府无疑想借此稳定外来务工群体，但一些专家学者却对某些城市办居住证时设定种种条件（如学历等）提出质疑，希望取消有关歧视性政策。笔者认为，居住证制度实质是把"半城市化"或"两栖型城市化"定型化、制度化，有悖于国家倡导的以人为本、公平共享的城镇化要求，无助于城镇化持续健康发展。加快户籍制度改革，开放中小城市户籍登记制度，是当前加快进城务工人员市民化进程的有效途径。

以下八大理由呼唤中小城市放开户籍限制。

第一，放开户籍限制是确保公平公正、维护社会稳定、促进经济社会协调发展的要求。农村人口进入城镇，能自食其力，期望长期居住，却不能取得当地户籍，这会影响其工作和生活质量的改善，影响其子女的成长，凸显现行户籍制度的不公平性。确保社会大众包括各类群体拥有公平公正的发展机会，是管理当局必须坚持的底线，否则不仅有损政府的形象，而且会加剧社会的不稳定性。政府放开户籍，维护公平公正，得益的不只是弱势群体，而是全社会。

第二，放开户籍限制可使新生代进城务工人员融入城市社会，实现体面就业和生活。与他们的父辈相比，新生代进城务工人员比较看重未来发展，希望能在城镇体面地就业和生活。

第三，我国城市经济和社会的正常运行已离不开长期在城镇工作和生活的进城务工人员。目前城市商业服务业、制造业、建筑业劳力多来自进城务工人员。不仅众多企业生产与服务离不开他们，城镇广大居民生活也离不开他们。多年来他们辛勤劳动在城镇，没有他们就没有工厂忙碌的流水线，也就没有繁华的市场。工业化和城镇化改换了他们的人生轨迹，他们事实上已成为当今城市运行不可缺少的重要主体。为此，放开户籍限制，确认他们在城镇的主体身份，是城市自身运行和发展的要求。

第四，目前我国中小城市城镇化水平仍然较低，理应成为今后提升城镇化水平的重点。以开放和优惠方式鼓励有条件的农村人口落户中小城市，是优化人口空间布局、实现城市适度规模优势、改善国民生活质量的综合要求。当然，许多中小城市的基础设施和居住条件也在不断改善，城市的承载能力不断提高，有条件支持户籍放开。

第五，我国财政收入多年高速增长，若进一步扩大民生支出，将有能力支持户籍开放。从地方角度讲，享受人口红利和城镇化红利的流入地政府，应当承担城镇化的户籍转轨成本，而不是把房地产升值收益用于建造空荡荡的大剧院、城市博物馆，或举办大而无当的博览会。总之，从中央到地方，如能进一步调整财政支出结构，强化政府公共服务和社会保障功能，加快户籍改革，则基本公共服务均等化是可以期待的。

第六，拆除落户藩篱，有效扩大进城务工人员群体的消费需求，是解决目前我国产能严重过剩问题的战略选择。当前我国因外需锐减，产能过剩相当严重。扩大内需是解决产能过剩的主要出路。但是如果延续传统城乡分割、地区分割的户籍制度，我们就无法把城镇化的巨大潜在需求转化为现实需求。若政府能重视提升城镇化质量，解决迁移人口的户口问题，就可带动大量迁移型消费，满足定居需求，带动包括改善居住条件的种种消费，进而带动工业制成品消费和其他基础设施消费。这是以民为本，调整国民收入分配结构，扩大消费需求的战略选择。

第七，推进户籍改革，是消除进城务工人员子女成长隐患，改善儿童和青少年教育环境的要求。青少年成长质量关系国家未来，进城务工人员子女（包括留守儿童和流动儿童）总数巨大，加快户籍改革，还进城务工人员子女一个安定、亲和、快乐的童年，使他们在新定居地与当地儿童同等享受城市现代教育，是造福千万家庭和造福社会的大事。因此，从全局看，加快户籍改革，改善千万进城务工人员子女的教育和成长的环境，既有可能，也十分必要。

第八，加快户籍改革，是减少人口无序流动、稳定企业员工队伍、提升员工素质、促进企业转型升级的要求。人力资源是企业第一资源，稳定的员工队伍是企业开发人力资源、提升员工素质和技能的必要条件。但是据统计测算，新生代进城务工人员中只有 20% 在城市稳定就业，近 80% 处于不稳定状态。这种就业"短工化"和高流动率，使企业员工队伍很不稳定，员工流失率居高不下，招人难、留人难成了困扰许多企业的难题。究其缘由，固然有青年工作者活力充沛、不满工作现状因素，也有企业管理不善因素，但根本原因是城乡分割的户籍制度导致他们没有一个固定和完整的家，他们如无根的浮萍随波游荡。因此，加快户籍改革，确认他们的市民身份，也是广大企业稳定员工队伍、提升员工素质的要求。

"城市必须成为人类能够过上有尊严、健康、安全、幸福和充满希望的美满生活的地方"。我国实施城镇化战略已有十多年，现在以居住证制度固化"半城市化"，实质是固化了现存不合理的社会利益结构，无助于城镇化持续健康发展。只要各级政府真正贯彻以人为本、公平共享的原则要求，加快户籍改革，以此为契机，就能推动地方乃至全国经济和社会发展跃上一个更高的平台。

三、中国城市化和城市治理的反思与转型

城市化模式与城市治理模式一脉相承。我国传统城市治理主体单一，目标功利化，治理空间封闭化；传统城市化在其目标与标准、进城务工人员市民化成本、城市化空间与范围方面也存在误区。以人为核心的新型城镇化要求城市治理三维战略转型：在治理主体上由一元治理向多元治理转型，在治理目标上由唯 GDP 目标转为人本化目标，在治理空间上由城乡分割转为城乡统筹。这是实现城市化和城市治理现代化良性互动的战略选择。

（一）问题的提出和文献回顾

城市的出现和繁荣，是人类走向成熟的标志。中国的城市化从 20 世纪 90 年代的"进程务工潮"，到 21 世纪政府推动的"城镇化"，每年由农村向城镇转移的人口达千万。城市化推动工业化和城市建设的作用有目共睹。但是，与城市化相伴，中国社会贫富分化由传统的工农差别和城乡差别，扩展到同城不同群体之间的差别，在城市生活、工作和学习的各类群体中，收入、健康、安全、尊严、社会保障和家庭生活等方面处于底端的无疑是外来务工者及其子女。与此相关联，农村的留守妇女、留守儿童和留守老人问题也日益严重。这种由体制禀赋和资源禀赋叠加滋生的新型贫富分化，使社会发展与经济增长失衡，背离了全面建成小康社会的要求。当前在倡导新型城镇化过程中，我们应深刻反思传统城市化和城市治理中存在的诸多问题，更新发展理念，统筹城乡关系，推动城市化和城市治理战略转型。

总之，已有研究肯定中国城市化和城市治理取得的成绩，同时揭示了存在的问题。因传统制度、观念和既得利益的多重阻碍，相关转型仍然举步维艰。政府要加快新型城镇化进程，提升城市治理效果，必须进一步反思城市化与城市治理的问题，推进体制和机制创新。

（二）对传统城市化和城市治理的反思

传统城市化存在三大认识误区，它们与传统体制交织并存，降低了城市化的质量。

首先是城市化目标与标准的误区——以扩大城市规模为目标，单一以城市人口比重为标准评判城市化水平，忽视进城务工人员的市民化，忽视城市化人文质量。

城市化水平是城市化率和城市化质量的综合体现，城市化质量包括城市化物质质量和人文质量，后者主要是指由农村转移到城市的劳动者及其家属的生活质量和工作满意度。传统城市化以扩大城市规模为目标，单一以城市常住人口比重评价城市化水平，把农村向城市转移人口的生活质量、工作质量和城市生态环境质量排除在城市化水平之外。管理当局把进入城市工作生活半年以上的进城务工人员认定为城市常住人口，用以评定城市化水平，而在为城市人口提供社会保障和公共服务时，却以户籍为由把这些新市民排除在外，使他们在就业、文化教育、居住条件、医疗保障、养老服务、子女培养和社会交往等方面处于明显的弱势地位，成为城市相对贫困人口。

其次是对"进城务工人员市民化成本"的认识误区——低估进城务工人员的价值和贡献，高估进城务工人员的市民化成本，把若干年的总支出等同于一次性支出。

其实，外来务工人员进入城市工作就是城市国民收入包括财政收入的创造者。把劳动时间、劳动强度、劳动环境和工资水平差异等因素综合考虑进来，我们会发现外来务工人员对城市经济发展的贡献并不低于普通户籍市民。外来务工人员平均年龄明显低于原户籍市民，目前给予他们的必要社会保障，就医疗保障而言，在相当长的时期内，他们人均实际获得的财政补助资金数量肯定会低于原户籍市民；就养老保障而言，他们甚至会成为增加城市社会养老基金收入的主要来源。若干年财政的总支出，并不等于一次性支出，对"进城务工人员市民化成本"的夸大性误判，阻碍着常住人口公共服务均等化，实质是既得利益者对社会公平的否定。

最后是城市化空间与范围的认识误区——以城乡差别和分割为依据，认为城市化就是重点发展城市，汇集更多资源加快城市建设。

城市化的本质是生产要素在市场调节下的空间优化配置，这是与工业化并行的城乡互动、农工互利实现城乡区域共同发展的过程。

中国城市化存在的上述问题和误区，与传统城市治理体制三大缺陷直接相关。

一是城市治理主体的一元化。政府把自己看成是"万能机构"，在城市治理中"越位"和"缺位"并存。政府单一治理模式否定了市民包括外来进城务工人员的主体地位及其参与城市治理的积极性，使管理机构日益庞大，治理手段缺乏灵活性，导致治理成本不断上升，治理效率低下，加大了政府的负担。

二是城市治理目标的功利化。这体现了管理当局在城市治理决策中的唯GDP倾向，招商引资中的种种不当承诺和竞相优惠，土地城市化明显快于人口城市化，城市建设中的奢华表现，都与管理者片面追求GDP高增长相关。结果是高投资、高增长和高污染并存，地方政府债务增多，城市治理的经济效益、社会效益、生态效益与经济增长不成比例，进城务工人员的劳动付出与所得不成比例。

三是城市治理对象与空间的封闭化。这是指地方政府对户籍市民与非户籍市民采取分割治理，以及对城市与周边乡村采取分割治理，借助户籍制度阻碍农村人口在城镇落户，借助城乡等级差别阻碍同城居民社会公共服务均等化，这种城市治理方式铸成我国最大的社会不公。

（三）新型城镇化呼唤城市治理三维战略转型

首先，城市治理主体应由一元向多元转型，开发和利用更多力量支持新型城镇化。

城市治理主体的多元化是当代城市治理的主流。新型城镇化要求全面优化城市建设，建立多元化可持续的城市化投融资机制，多种方式拓宽城市建设融资渠道，针对不同项目性质设计差别化融资模式与偿债机制，制定企业和政府合作（如 BOT、BT、TOT 和 PPP 等模式）进入特许经营领域的办法，鼓励社会资本参与城市公用设施投资运营，以缓解政府资金的不足，提高公共项目建设运营的效率和透明度。新型城镇化需要承认进城务工人员的市民主体地位，消除城乡体制壁垒，消除户籍身份歧视，调动一切可以调动的资源，关心和帮助农村转移人口，使他们在城镇安居乐业。

其次，城市治理目标由 GDP 增长转为人本化目标，以全面提高城市生产、生活和生态质量。

城市治理的人本化要求以人为核心，以满足市民日益增长的物质与文化需求为目的，全面提升城市生产质量、生活质量和生态环境质量，取代传统的唯GDP 增长目标。

城市生活质量是全体居民包括农村向城镇转移人口的生活质量，是有社会保障的生活质量，是物质与文化并行的生活质量，是生存、发展和享受共有的生活质量。生态环境质量包括工作环境、居住环境和城乡大环境的生态平衡与优化，是地下、地表空间统一的立体生态质量，是可持续发展的生态质量。其最终通过对全体劳动者工作满意度、居民生活满意度和居民对环境满意度的检测获得验证和反馈。

最后，城市治理空间由城乡分割转为城乡统筹，以增强新型城镇化对农村的辐射力。

新型城镇化进程中的城乡一体化，包括城市与乡村区域发展的一体化和城市内部治理中户籍市民与非户籍市民的一体化。前者是本地乡村和城镇的一体化，后者是新型城镇化进程中的一种特殊意义的城乡一体化，必须同时突破地区分割和城乡分割才能实现。外来农村人口进入城市多年而未能拥有市民应有的待遇，就不能算是真正实现城乡一体化。

（四）基于新型城镇化的城市治理转型的着力点

首先，主导城市治理的政府管理部门必须真正确立人本理念和城乡一体的公平理念。为什么传统城镇化模式和城市治理模式能长期延续？为什么同城常住人口不同群体的社会基本公共服务难以均等化？为什么旧的体制和制度惯性如此之大？主要原因还在于人本理念和城乡一体的公平理念只是停留在管理部门的文件和宣传口号上，而未深入人心，没有成为人们特别是管理部门必须执行的信念。我们检验管理部门是否确立这些理念，不仅要听他们怎么说，看城市建设如何规划，更主要的是看他们现在是否这么做，是否建立行之有效的监测、检验和制约机制。

其次，中小城市应尽快开放户籍登记制度，既向本市农村开放，又向外地进城务工人员开放。现在许多城市设立居住证制度和积分入户制度，在进城务工人员市民化过程中设置新的中间栅栏，实质是进一步固化了城乡分割的户籍制度。中小城市（常住人口100万以下的）不同于对人口需要控制的特大城市，不适用居住证制度。充足的人力资源是城市取得规模效益的首要因素，面对大城市和特大城市的规模优势，面对城市原户籍人口结构快速老化，面对全国劳动年龄人口总量逐年减少，许多外出务工者回原籍创业，农村人口向城市转移数量逐步减少，中小城市发展规划决策者必须审时度势，尽快开放户籍登记制度，加快进城务工人员市民化进程。

最后，政府要建立财政、用人单位和个人三方分担"进城务工人员市民化成本"机制，鼓励多元主体共同建设城市。进城务工人员劳动创造的价值已构成当地城镇财政收入，管理部门为他们提供与原户籍市民相同的社会公共服务，这不是恩赐，而是物归原主，理所当然。政府要建立和完善财政转移支付与城镇接纳外来务工人员落户挂钩机制，建立和完善吸纳农村人口城镇入户与城镇新增建设用地指标挂钩机制，根除城市治理中重城市轻农村、重大城市轻小城镇、重物质建设轻人的建设的顽症。

总之，与城市化转型相配套，中国城市治理的现代化，必须在治理主体、治理目标和治理空间三个维度全面实现战略转型，围绕新型城镇化，在更新理念、开放户籍登记制度和鼓励多元主体共同建设城市方面取得实质性进展。

第六章　房地产市场营销管理

第一节　房地产市场营销概述

房地产市场营销是指房地产开发经营企业开展的创造性、适应动态变化的房地产市场活动，以及由这些活动综合形成的房地产商品、服务和信息从房地产开发经营者流向房地产购买者的社会活动和管理过程，其目的是满足顾客对土地或房屋的需求。

房地产市场营销的目标和核心是通过运用既定的程序以及技巧，使房地产交易迅速达成，最终实现房地产商品的价值。房地产营销是沟通和连接房地产开发、房地产流通以及房地产消费和使用的重要手段。

一、房地产营销特征

房地产自身的特点决定了房地产营销具有不同于普通消费品营销的特征，具体表现在以下方面。

第一，复杂性。房地产营销包含了市场调研、地段选择、房地产产品设计与定价、销售渠道的选择、促销等一系列复杂的过程。房地产市场营销涉及的领域多、部门多、法律多，需要很多专业人员的参与，还容易受外部环境的影响。法律法规的变动、金融风暴、股市波动等都会对房地产营销活动产生不确定的影响。

第二，风险性。房地产开发周期长，从项目可行性研究到最终推出楼盘销售，一般需要1年以上的时间。在长周期的开发过程中，企业面临的外部环境都会发生变化，甚至会发生意想不到的事情，从而加大了房地产营销的风险。

第三，差异性。房地产商品由于区位、设计等因素的不同而具有独一无二的特征，不能像普通商品那样进行大批量的复制和生产。房地产商品价值大、使用期限长，购房者会在慎重考虑后做出决策。因此，购房者的购买行为以复杂的购买模式为主。房地产营销人员面对的顾客都是全新的，其进行的是典型的一对一营销，推销产生的作用往往会很大。

第四，协同性。房地产营销需要建筑业、金融业、通信业等的配合，涉及投资咨询、市场调研、建筑设计、工程监理、销售推广、物业管理等，需要不同的专业人员通力合作才能做好。房地产企业仅凭自己的人员从事相关工作是不够的，应组建由行业专家、政府部门工作人员、高校学者、律师等组成的智囊团，为营销活动献计献策。

二、房地产营销理论

（一）4P 理论

第一，产品（Product），是指能够提供给市场被人们使用和消费并满足人们某种需要的任何东西，包括有形产品、服务、人员、组织、观念或其组合。产品注重开发的功能，要求具有独特的卖点，把产品的功能诉求放在第一位。房地产产品的五个层次，如图7-1所示。

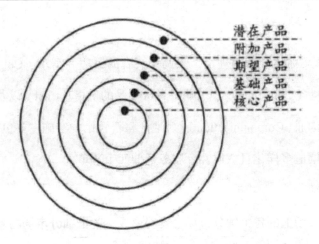

图 7-1　房地产产品的五个层次

第二，价格（Price），是购买者为获得产品而支付的货币数量，是交换过程中备受关注的焦点。价格仍然是购房者决策的主导因素，在销售过程中最为购房者感兴趣，同时也确定了房地产开发商的盈利水平。双方买卖达成协议的最根本问题就是价格问题。定价是房地产营销过程的核心和关键，一切操作均以此为主轴。

第三，销售渠道（Place），可分为直接渠道和间接渠道。直接渠道是指通过个人联系，以信件、电话、网络手段和交流往来等方式将产品从公司出售给潜在客户。间接渠道是指通过第三方中间人（如代理或经纪人代表）出售产品。房地产企业主要采用直接的销售渠道。因为房地产产品的关键信息，如楼盘质量保障、企业信誉、支付承诺等，只有通过面对面的交流才能使购买者有所了解。

第四，促销（Promotion），包括广告、人员推销、营业推广和公共关系活动四种方式，目的是对消费者或使用者传递产品和企业信息，唤起顾客对商品的需求，以开拓市场，树立产品和企业形象。在实际促销过程中，选择四种方式组合应用，构成促销的组合策略。

（二）4C 理论

4C 理论又称整合营销理论，强调购买者的愿望和需求（Consumer）、购买者的便利性（Convenience）、购买者可接受的价格（Cost）以及企业与顾客之间的有效沟通（Communication）。房地产整合营销的实施主要包括市场细分、项目优化、渠道多样化且双向性、服务延伸四个环节。

1. 市场细分

房地产市场上的各个细分市场已发展形成，各个细分市场的差异正在逐步扩大。首次购房者收入相对较低，主要考虑的是满足基本的住房需求，如一定的面积保证，购物、上学和就业方面的便利程度等；换房群体的收入相对较高，除了以上基本需求之外，其更多地考虑住房的舒适性，如足够的空间、优雅的环境等。

2. 项目优化

房地产开发的整个过程需要 2 ~ 3 年的时间，对目标市场的分析实际上是一个预期、动态的分析。国内房地产市场发展迅速，产品更新速度快，因此项目优化贯穿整个项目的全过程，从房形设计、平面规划到总价区间、购买力分析，营销人员参与整个过程。

3. 渠道多样化且双向性

随着传播媒体技术的发展和房地产市场的不断成熟，借助各种媒体的力量，利用媒体交错使用达到预期的销售目标将成为更合理的选择。由于沟通是双向互动的，企业只有利用平面、立体和网络渠道等信息传播方式的组合，才能使这种变化的互动得到充分的体现和及时的反映。

4. 服务延伸

房地产营销进入立体结合阶段，服务的内涵已覆盖了项目前期的选择、项目中期的施工和项目后期的竣工交房，还包括售后的中介服务。服务的外延包括房地产一级、二级和三级市场，让购房者享受全过程的服务。

（三）5S 规则

房地产营销中的 5S 规则是房地产营销人员通过长期实践活动总结出来的规律，具有重要的指导意义。5S 是指速度（Speed）、微笑（Smile）、真诚（Sincerity）、机敏（Smart）、研学（Study）。

1. 速度（Speed）

房地产营销活动要注重办事速度和效率。工作人员处理业务的时候要快捷，办事安排要程序化，注重沟通技巧和协调能力等。工作人员在接听电话、通知变化事项、预约和赴约、交款、倾谈等具体事项中要快速、准确、无误地操作。

2. 微笑（Smile）

工作人员在与客户交往时要微笑服务，要通过外表健康的、体贴的微笑体现对客户的理解和宽容，以获取客户的信任和认可，但要把握好度。

3. 真诚（Sincerity）

工作人员一方面努力做到真诚待客，另一方面也要通过恰当的表现让顾客感受到你的真诚。房地产营销是通过为人服务创造业绩的，形象树立应从真诚开始。

4. 机敏（Smart）

机敏即精明、整洁、利落，强调工作人员在房地产营销活动中要做事情清楚，办事好而快，以灵活巧妙的工作方式来获得顾客的信赖。

5. 研学（Study）

房地产营销人员需要持续不断地研究顾客心理、接待技术、房地产知识和市场资讯，累积足够的专业和实践知识，这样才能为顾客提供高质量的服务。

三、房地产营销的理念创新

房地产营销的理念创新表现在以下几个方面。

（一）品牌营销

房地产品牌是房地产开发商在进行房地产产品开发经营时有计划、有目的地设计、塑造，并由社会公众通过对房地产产品的品质和价值的认识而确定的企业标志或商标，是公众对房地产产品理性认识和感性认识的总和，房地产品牌是一个多维网络结构的动态系统。房地产品牌可以分为项目（楼盘）品牌和企业品牌，其中项目品牌是企业品牌的基础。房地产品牌树立比较困难，但树立后则比较稳定，房地产企业要凸显企业品牌而不是项目品牌，因为项目品牌的生命周期比较短且受到地域的限制。

品牌具有特定的属性，这种属性需要转化成功能和情感利益，顾客购买的不是属性而是利益。品牌往往象征一定的文化，体现了企业的价值感，还代表着鲜明的个性特征，体现了顾客购买和使用该产品的与众不同。

房地产企业之间的竞争已逐渐从价格竞争、规模竞争、质量竞争、功能竞争发展到品牌竞争。品牌对开发商和购房者意义重大，房地产企业不能形成垄断地位，但品牌可以形成垄断优势；购房者为满足受尊重和自我实现的需要，会更加注重品牌。打造品牌楼盘，树立品牌形象，走品牌化发展道路，将成为房地产企业的主要营销策略。

房地产品牌运营可以分为以下十个步骤。

第一，建立房地产品牌管理组织。房地产开发企业内部的品牌管理组织，一般由副总、品牌委员会、品牌经理等组成，必要时可聘请外部品牌管理专业机构参与企业的品牌规划和建设，以提高企业的品牌管理水平。

第二，制订房地产品牌创造的计划与预算。房地产品牌创造设计包括品牌战略宗旨、目标、进度、具体措施，参与品牌建设人员的职责、激励及整个过程的预算等。

第三，房地产品牌定位。房地产开发企业应通过市场调研与目标市场细分找到合适的细分购房群体，并分析这一群体心目中共同的关键购买诱因，同时了解清楚目前市场上有没有相应的强势品牌，分析其他品牌的优劣势。

第四，实现企业观念的转变，从重视实体质量转向认识质量。观念的创新是营销创新中最重要的。要实现从实物营销转变为品牌营销的观念，企业就必须对产品、市场、资本、管理制度和企业文化等各个层次进行系统有机整合。房地产产品的质量应包括建筑质量、服务质量、环境质量等多个维度。

第五，房地产品牌设计。房地产品牌设计包括品牌视听识别体系、品牌个性定义、品牌核心概念、品牌延伸概念四大内容。

第六，以文化的建立与管理制度的创新作为品牌建立的基础。包括分配、激励和约束机制等在内的制度创新为品牌建设提供保障。

第七，品牌整合营销传播。房地产企业首先设计出符合某一特定时期购房者购买动机的品牌定义，将此作为阶段性的品牌形象；其次制作各种传播品设计，改善和调整产品、服务、价格、销售渠道，表现统一的品牌定位与形象；再次与购房者进行互动式的沟通；最后对传播情况进行跟踪监测，根据监测到的问题及时调整传播方式，为下一轮传播提供调整依据和建议。

第八，实施持续与扩大的整合传播。企业要有长期战斗的准备，而且要随着市场环境的不断变化对细分市场和潜在购房者进行个性与共性重组，建立以购房者为核心的主要利益关联方数据库，与顾客建立起长期互动的信赖关系，通过产品个性化设计、建造、销售和售后服务，逐步培养购房者对企业产品的高满意度与高忠诚度。

第九，形成广泛认同的房地产品牌形象。房地产品牌运营的目的是使特定的房地产品牌设计能够为广大购房者所接受，并在购房者心中形成高度认同的房地产品牌印象。

第十，房地产品牌评估。房地产企业通过外部权威机构对自身品牌的无形资产进行评估，确定企业量化的资本财富，这是将房地产品牌资产运作和资本运作相结合的必要手段。

（二）关系营销

关系营销强调通过企业与购买者的双向沟通，建立长期稳定的对应关系，在市场上树立企业和品牌的竞争优势。营销理念的核心是让顾客满意，主张重视购买者导向。对于购房者来说，在发生交易之前，都会对开发商提供的产品和服务有所期待，在获得产品和服务之后，他们自然会对产品和服务进行评价。开发商站在购房者的角度思考问题，向购房者提供达到或超过其心理预期的产品和服务，是建立和维持与购房者的良好关系并取得营销成功的关键。例如在销售渠道上，开发商应尽可能地考虑如何给购房者以最大的方便，应设立便捷的销售网点或通过互联网进行双向式交流，提供免费看房直通车、进行全程服务代理等。

（三）文化营销

房地产文化营销就是在房地产营销过程中注入文化的精髓。随着人们生活水平的提高，对住房的要求已不再是遮风挡雨那么简单。开发商在实施文化营销以满足购房者居住文化需要时，可以更好地提升建筑的品位与魅力，改善建筑的社会文化环境，增加房地产的附加值，从而达到企业、购房者和社会的

"三赢"。

购房者对住房的选择体现了其生活品位和生活态度。购房者选择住房已不限于质量、造型、配套等有形产品，对居住小区文化设施的要求越来越高：他们不仅关心周围文教单位的数量、配置和距离，而且愈来愈重视小区文化设施的数量、品位以及小区内其他住户的文化层次。开发商不仅要注意在建筑风格上尽量体现文化内涵，还要通过富有特色的主题创意提升住宅小区的文化价值，展现出一种高品位的美好生活图景，同时要注意通过高品位会所、藏书丰富的图书馆、温馨祥和的邻里中心、设施齐全的幼儿园与中小学来营造小区的文化氛围。

（四）绿色营销

房地产企业实施绿色营销，首先应将绿色理念融入设计中。绿色住宅要避免粗放、浪费的模式，以最低的能源和资源成本去获得最高的效益。其次要通过绿色认证，增加社会的可信度。实施绿色营销的房地产企业获得地产联合会和环保总局的绿色认证是非常重要的，这样可以增加企业的信誉和可信度。开发商还应将设计、开发、建筑、装修的全过程透明化，将使用的各种绿色建材、绿色家居等都披露给购房者，通过公益广告宣传，让人们了解绿色住宅的优势和对身体健康的重要性，在促销方面也要强调绿色环保的理念。企业的环保支出应纳入产品的成本核算，因为房地产产品的成本增加了，绿色定价也相应较高，因而降低经营成本、制定合理的绿色价格是绿色营销能够成功的关键因素。

（五）全程营销

房地产开发是一项复杂的综合工程，房地产营销的实施应起始于项目可行性研究阶段，贯穿于项目设计、建造、销售、物业管理等的整合过程。其在项目前期介入的目的是使企业了解、熟悉目标市场，为产品的市场定位提供帮助，并做出房地产投资决策，为市场推广做好准备。售后服务是项目成功的重要保证，不良售后服务会导致购房者怨声载道，损害企业形象。全程营销强调，房地产企业既要注重将营销观念体现在整个房地产开发过程中，也要注意与地方政府、金融机构、物业公司和其他社会组织合作。

（六）网络营销

随着互联网的快速发展、网民数量的急剧增加，电子商务融入了人们的日常生活中。房地产销售也可以搬到互联网上进行，网上售房大幅降低了房地产销售人员的工作强度，不仅提高了房地产开发商的服务水准，同时节省了管理成本。顾客也可以在网上发出提问，且可以获得及时的反馈和响应。最近出现了房地产商和电子商务相结合的营销模式，其通过强强联合、优势互补、公开透明的销售方式达成交易，受到了一定的青睐。随着微博应用的推广，在微博上发布房地产信息，促成交易，也成为一种全新的营销模式。

但是，目前网络营销还存在着局限，主要是在法律保护和网络安全技术方面，渠道的安全性对于房地产这样大宗商品的交易来说仍然不够；另外还有购房者在消费观念上比较难于接受在互联网上进行房地产产品的交易，来自心理层面的压力也是不容忽视的。

房地产网络营销目前虽然受到一些限制，无法占据房地产营销的主流位置，但这一模式能促使交易更便利、更及时、更节约，随着网络交易法律法规的完善、技术进步和购房者心理层面压力的减少，房地产网络营销很可能占据主导地位。

第二节 房地产产品策略与价格策略

一、产品定位的方法

从实际的产品定位活动来看，两阶段产品定位法和三层次产品定位法运用得最为广泛。

（一）两阶段产品定位法

两阶段产品定位法主要包括两个阶段：第一阶段，确定房地产产品的基本用途和开发周期；第二阶段，确定房地产产品的规划设计、开发形态与开发方式。在第一阶段，房地产企业首先必须深入了解土地自然条件，一般来说，土地面积越大、形状越方正规则，价值和发展空间就越大；其次还应研究土地使用的条件、总体规划情况、是否有用途管制或其他限制、周边土地的使用情况。一般来讲，单独通过批租转让或转让取得土地使用权的比通过合建取得土地使用权的在产品定位空间和自由度方面更佳，因为在合作开发下，提供土地的一方会提出一些附加条件。在第二阶段，房地产企业的定位目标是使企业创造和增加产品附加值。其需要考虑如下因素：相关的城建法规和政府政策限制，比如容积率的分配、楼层高度限制和用途管制等；市场需求特征，比如潜在购房者价格可接受区间和需求偏好等；相对报酬及其风险，比较不同楼盘的设计成本与收益等方面的差异性。

（二）三层次产品定位法

三层次产品定位法是指依据影响项目所在地的环境范围大小来划分市区级

层次的一般因素、商圈层次的区域因素、项目所在地层次的个别因素，其实质是由整体到局部、由表及里、由外至内地对房地产产品进行分析研究。其划分三个层次的目的是帮助房地产企业掌握环境分析与评估范围，帮助策划人员系统全面地分析评估自然地理与社会人文环境。另外，三层次产品定位法的运用也必须围绕产品的性质来实施。

二、产品定位的策略

（一）产品生命周期策略

产品的生命周期策略是指房地产企业根据产品所处的不同生命周期采取不同的策略行为。房地产开发企业除了把精力投入产品质量上，还应注意不同时段的销售策略。房地产产品的生命周期阶段划分与对应策略如下。

1. 引入阶段

在房地产产品引入阶段，销售额不大，市场狭小，利润增长极为缓慢。产品的内在价值还没有完全展现出来，目标顾客的消费观念还没来得及转变，这样使得房地产价格标准很难确定下来。广告和其他推销费用数额巨大，利润很少，企业面临的市场风险较大，市场预测失误或产品定位不准都会严重影响企业的生存。在这一阶段，企业必须尽快告知潜在购房者该产品的独特价值和内在功能。

（1）快速夺取战略。

房地产开发企业可实施高价格、高促销费用的策略来迅速实现扩大市场占有率的目标。

（2）缓慢夺取战略。

如果房地产开发企业面临的市场比较小，大多数潜在购房者已经对本产品有了深入的了解，同时企业的竞争压力不是很大，那么企业可以采取高价格、低促销费用的策略来缓慢实现市场销售目标。

（3）快速渗透策略。

快速渗透策略是指房地产开发企业实行的低价格、高促销费用的销售策略，应用范围比较普遍。该策略实施的前提是目标市场容量很大。潜在购房者对价格的变动趋势非常敏感，市场竞争程度又很激烈。该策略的主要目的是快速夺取市场份额。

2. 市场成长阶段

产品销售量急剧上升，市场中的潜在购房者已经对该产品有了非常深刻的了解，市场份额不断扩大，利润量也急剧增加，这是市场成长阶段的主要特征。对于房地产企业来说，市场成长阶段是最为有利的销售阶段。企业要抓住这一机会，执行正确的市场策略，推动产品市场竞争能力的上升。在该阶段，企业应把宣传的重点从扩大产品认知度转移到努力促成现实购买上来，同时根据市场形势的发展变化，适当地使用价格策略吸引潜在购房者，扩大市场占有率。

3. 市场成熟阶段

成熟阶段的市场销售量主要依靠已购房者带动潜在购房者的购买来维持，所以后续服务应跟上，否则销售量不可避免地会下降。企业的应对策略主要有适当改进产品功能、重新确定细分市场、扩大潜在购房者群体、争取声誉传播来促成购买等。

4. 市场衰退阶段

产品出现滞销、利润下降是市场衰退阶段的主要特征。房地产开发企业应着手总结其产品的开发销售经验，逐步退出原有的细分市场，并集中资金和技术为新产品的上市做好准备。

（二）产品差异化策略

产品差异化是指在房地产产品的设计、开发、服务过程中形成的各种特点，从而使企业为市场提供的房地产产品与竞争者所提供的能够有效地区别开来。差异化策略的基础在于不同购房群体的需求存在差异性。差异化的优点是不但能满足目标市场购房者的需求，而且能为潜在竞争者设置进入障碍，并给开发商带来丰厚的边际利润。在采取差异化策略时，企业应避免在不了解购房者真实需求情况下主观臆断地开发差异化产品，差异化程度太高会导致市场容量过小等问题。产品差异化策略可从以下四个方面实施。

1. 特色差异化

所谓特色就是指房地产产品基本功能的增加和补充，例如开发商设置大型草坪提高住宅小区的生态环境水平。特色差异化要求房地产企业经常与潜在购房者进行沟通与交流，进行广泛的市场调查，切实把握市场发展趋势。

2. 性能质量差异化

性能质量是指房地产产品的主要功能在实际使用时体现出来的水准，主要体现在楼盘区位、环境、布局、物业服务等环节上。房地产产品的质量、价格、利润之间有不可分割的关系，因此企业在产品定位时要谨慎地选择与产品档次、规模相符的质量性能水平。

3. 建筑风格差异化

房地产消费者对于房地产产品的视觉效果和直观印象是非常重视的，房地产产品是工程技术、文化等诸因素的完美结合。越来越多的房地产开发商意识到建筑风格的重要性。在实践中将民族特色融入产品的开发设计是其面对的最大的挑战。

4.设计差异化

房地产企业的产品设计是市场营销策略中的关键环节。设计方案的选择和确定直接关系产品的市场竞争力。产品的设计工作展示出企业整体的形象和品牌优势，而这也是一项专业性很强的技术工作，房地产开发企业在考虑设计艺术性、美观性的同时，不能忽略房地产产品最基本的实用性。

（三）产品组合策略

房地产产品组合是指一个房地产企业生产销售的全部产品的结构组合，包括深度、广度和关联度三个层面的内容。产品组合策略能有效化解经营风险，因此房地产企业大都实施产品组合策略。常见的产品组合策略有以下四种。

1.综合发展策略

资金实力非常雄厚、经营管理能力强的大型房地产集团采用综合发展策略最为合适，效果也最明显。因为大型房地产集团能够扩展产品的深度和广度，为不同购房者提供不同类型的房地产产品。这样的策略可以较好地分散经营风险，扩大市场占有率，提升企业品牌的知名度。

2.广度扩展策略

中小规模的房地产开发企业适合采取广度扩展战略，如把目光瞄准住宅、商业用房、写字楼等市场，这样可以有效地利用资金、技术以及销售渠道，分散经营风险。同时企业应把握广度扩展的程度，避免企业的产品开发管理陷入混乱，缺乏重点。

3.深度扩展策略

小型的房地产开发商适合通过扩展产品深度来参与市场竞争。例如，企业可集中资金、技术和管理经验投入住宅市场，既开发适合普通工薪阶层的经济适用房，又开发适合都市白领居住的高档商品房，还有适合特别富裕群体的花园别墅等。深度扩展策略可以使产品实现系列化、标准化、通用化，加快新产品开发速度，尽快确立对目标市场的局部竞争优势。

4. 产品细分化战略

房地产企业在市场细分活动的基础上，可选择能满足某一批购房者的特定需求未被的细分市场作为目标市场。

（四）产品创新策略

房地产企业的创新活动有利于企业的成长，帮助企业维护在市场中的竞争优势。新产品开发可以减少因原有产品滞销造成的经济损失，可以提高资源使用效率，降低开发成本，维护企业竞争优势，争取更多的市场份额，有利于企业提高自身适应环境的能力，帮助企业度过经济萧条或市场不景气的难关。房地产企业在开发新产品的过程中，应坚持适销原则、特色原则、客观原则和效益原则。

房地产新产品可以分为以下四类。

1. 全新产品

全新产品指房地产企业采用新技术、新材料、新原理制造的在性能、结构、造型上都有独到之处的产品。从房地产开发实践来看，这样的新产品开发成本高，一般很少出现。

2. 替代新产品

替代新产品的特点是将新功能和原有的产品相结合，使产品具有新的功效。替代新产品保留了原产品的基本功能，但是增加了新的使用价值。由于它开发成本低、效果好，再加上原有的开发经验，其新功能比较容易被广大消费者接受。

3. 改良新产品

改良新产品实质上与原有产品基本没什么不同，只不过对原有产品的外观、造型、式样进行了适度的改良。

4.模仿新产品

由于房地产行业产品的保密性很低，对户型等相关技术的模仿就很容易。模仿新产品也是不错的产品创新策略，其好处是可以降低开发成本，减少市场调查等工作环节，能迅速参与到市场竞争中去。

三、房地产价格策略及影响因素

房地产价格策略是指房地产开发企业根据房地产商品的生产成本和使用价值，应对市场的反应，而对房地产商品在价格的决定和变动方面所采取的各种措施，使得企业利润实现和利润控制在一个合理的范围内。

除了购房者的价格意识和对房地产商品的价值判断会影响企业实施的价格策略之外，房地产价格策略还会受到以下三个因素的影响。

第一，企业的整体营销策略。房地产企业在从事市场营销活动的过程中，需要考虑各方面因素，制定整体营销策略。价格策略作为市场营销决策体系的重要组成部分，既要服从于市场营销策略目标的实现，又要配合与其紧密相连的其他策略（如产品策略、渠道策略和促销策略）。从营销渠道看，企业选用不同的营销渠道就会有不同的价格。此外，促销手段与方式也往往要和价格策略配合使用才能收到预期的效果。因此，价格策略要受到整体营销策略的影响。

第二，企业所处的市场竞争环境。房地产企业所处的市场环境及其在该环境中所处的地位也会影响企业的价格策略。价格策略需根据市场结构、企业在市场环境中的地位、竞争对手的价格策略来确定。不同类型的市场有不同的运行机制和特点，对企业行为具有不同的约束力，企业必须根据其所处的市场环境做出不同的价格决策。市场领导者首先考虑的是稳定价格，并保持市场领导者的地位；市场追随者则会从自我实力考虑根据市场领导者的行动做出决策；市场挑战者则会为了在市场站稳脚跟或提高自己的竞争地位并成为市场领导者而发起价格挑战。竞争对手的价格水平及价格变动会直接影响房地产开发企业产品的销路以及竞争地位。

第三，企业追求的营销效果。营销效果可以分为短期营销效果和长期营销效果。一般来说，企业在各个时期有不同的侧重点。短期效果以增加收入为主；长期效果则主要是提升企业形象。如果企业追求短期效果就要经常使用高价策略，如果追求长期效果则不能着眼于眼前的利益，甚至在必要的时候还得牺牲一些眼前利益。

四、房地产产品的定价目标

房地产产品的定价目标服从于企业的经营目标，是房地产商品运作中定价方法和价格策略制定的依据，企业的定价目标主要包括以下四种。

（一）以获取利润为目标

企业以获取利润为目标主要分为两种情况。

1. 获取最大利润目标

商品房的价格一般介于与成本基本持平的最低销售价和市场可能接受的最高销售价之间。最大利润目标会导致高价策略，但价格高到什么程度，才能既保证企业利润的最大化，又能使购买者承受得了，是企业需要周密考虑的着眼点。

2. 获取平均利润目标

房地产商获取平均利润，其价格定位可以有两种参照：一种是把价格定位于最低销售价和最高销售价之间；另一种是把价格定位于同行中大多数企业的一般利润水平。

（二）以市场份额为目标

刚刚进入房地产业的企业，其定价目标是大幅度增加销售量，为了提高市场占有率，而不惜放弃利润目标，甚至可能导致轻微的亏损。从长期来看，能提高市场份额的低价策略既可以排除竞争，又能提高利润率。当需求对价格比较敏感时，企业要有规模效应，这样较低价格策略才能生效。

（三）以回笼资金为目标

房地产业与其他产业不同，它投资大、周期长，相关企业大都是高负债经营。因此，为了降低投资风险，减少贷款利息支出，许多房地产开发企业，尤其是中小型的开发企业，往往以回笼投资资金为目标，实施薄利多销。

（四）以维持企业生存为目标

如果由于市场需求发生变化，导致企业建成的商品房积压滞销，就会造成企业在资金周转上的困难。在这种情况下，企业就不得不以维持生存作为首要目标。以生存为目标的产品价格的最低限就是变动成本，只要定价能大于变动成本，就意味着企业除了能收回变动成本之外，还能收回部分固定成本，这样企业就能够继续维持营业。当然，维持企业生存的目标只能作为企业的短期目标，企业渡过难关后必须提高价格。

五、房地产价格的确定方法

房地产价格的确定方法有成本导向定价法、需求导向定价法和竞争导向定价法。

（一）成本导向定价法

成本导向定价法是一种以成本为中心，按卖方意图进行定价的方法。企业在定价时，首先考虑收回企业在生产经营中投入的全部成本，然后考虑获得一定的利润。成本导向定价法主要有以下三种。

第一，成本加成定价法，是在单位产品成本上附加一定的加成金额作为企业预期利润的定价方法，确定一个合理的加成率是该方法的关键。它没有考虑市场需求和竞争因素的影响，是一种卖方市场条件下的定价方式。

第二，目标收益定价法，是在总成本的基础上，按照目标收益率的高低计算产品价格的定价方法。目标收益定价法和成本加成定价法的区别在于前者着眼于产品的总成本，而后者则着眼于产品的单位成本。企业只有在预测的总成本和预计的销售量都比较准确的情况下，才能制定出合理的目标收益价格。对于需求比较稳定的产品、供不应求的产品、需求价格弹性比较小的产品和一些公用事业、劳务工程项目等，目标收益定价法是一种有效的定价方法。

第三，盈亏平衡定价法，即在销售量既定的条件下，企业产品的价格必须达到一定的水平才能做到盈亏平衡、收支相抵，这个既定的销售量就是企业的盈亏平衡点。企业准确地预测销售量和固定成本、变动成本是盈亏平衡定价法实施的前提。盈亏平衡定价法的缺点在于要先预测产品销售量，由销量来决定价格，但现实情况却是价格的高低对销售量有很大影响。这种定价方法只在产品销售遇到困难或市场竞争激烈，企业将保本经营作为定价目标时才适合实施。

（二）需求导向定价法

需求导向定价法主要有以下两种。

1.需求差异定价法

需求差异定价法是指在给产品定价时企业可根据不同需求强度、不同购买力水平、不同购买地点和不同购买时间等因素，采取不同的价格。它区分各种差异情况，然后再在基础价格上决定加价或减价。它主要有以顾客为基础的差别定价、以产品为基础的差别定价和以时间为基础的差别定价三种。

对房地产商品而言，最主要的是以产品为基础的差别定价。由于房屋的层次、朝向、位置等因素的不同，房地产商品的价格具有很大的差异，具体来说有以下六种情况：楼层差价、朝向差价、边间差价、面积差价、视野差价、材料和设计结构差异。例如，高层、小高层建筑定价由低往高逐渐上升，因为越往高层景观越好，但最高层由于隔热不好或由于房顶有通信设施而使价格比其下一层便宜；房屋朝南是最佳的，其他朝向中，东次于南，西再次，朝北的最差，房价也相应依此变化。

2.价值认知定价法

价值认知定价法是以消费者对本企业产品的认知价值而不是以该产品的成本作为定价基础的。消费者对房地产商品价值的判断不同，就会形成不同的价格限度。因此，企业首先要通过市场研究确定其产品的质量、服务、广告宣传等因素在顾客心目中所形成的认知价值，据以确定产品的售价。企业如果过高估计消费者对产品的认知价值，就可能定出过高的价格，影响销售；企业若低估了消费者对产品的认知价值，就会使其定价低于应有的水平，减少企业的收入。

（三）竞争导向定价法

竞争导向定价法主要有以下两种。

1. 随行入市定价法

随行入市定价法指企业根据同行业相互竞争的同类商品的价格作为定价依据对本企业的产品进行定价。当产品成本的测定较为困难，竞争对手的价格策略不易把握，以及企业希望得到公平的报酬而又不愿意打乱现行的市场格局时，企业往往采用这种定价方法。企业可以根据市场的结构而决定是采用追随市场领导者定价还是采用市场一般价格水平定价。房地产开发企业在采取随行就市定价时，要着重把握其中的降价策略。当竞争对手采取降价策略时，企业要慎重考虑是部分追随降价还是全部追随降价，或者是保持原有价格水平。

2. 主动竞争定价法

主动竞争定价法指本企业根据自家房地产产品与竞争对手产品的差异以及自身的实力水平来确定价格。企业要在对比分析自家房地产商品的区位、质量、设计与竞争对手区别的基础上，确定本企业产品的特色和优势并确定价格。主动竞争定价法一般被实力雄厚以及产品独具特色的企业所采用。

六、房地产价格的制定策略

房地产价格的制定策略有新产品定价策略、心理定价策略、声望定价策略、分级定价策略和招徕定价策略。

（一）新产品定价策略

房地产新产品定价策略主要有以下三种。

1. 撇脂定价策略

撇脂定价策略是一种高价策略，是指房地产开发商为了在短期内收回投资并获取较大利润，对新开发的楼盘在刚刚导入市场时制定较高的价格。在这种策略下，房地产商品的主要销售对象是那些高收入的购房者或猎奇者。当企业设计的某种新房型或使用新材料的产品进入市场的时候，竞争对手尚未进入，消费者对新产品尚无理性的认识，这时候产品的需求弹性小，企业可利用消费者求新、求异的心理，以较高的价格刺激消费，开拓早期市场。但是当新产品声誉还未建立起来的时候，高价不利于企业打开市场、增加销量，容易导致新产品开发的失败，甚至有可能招致公众的反对和消费者的抵制，不利于企业的公共形象。

2. 渗透定价策略

渗透定价策略是一种低价格策略，即将新楼盘以比较低的价格投放市场，以吸引消费者、增加销售量从而占有较大的市场份额。这种策略的优点是：企业可以利用低价迅速打开销路，占有较大的市场份额，实现薄利多销。如果企业生产具有规模效应的话，还可以降低成本。较低的价格有助于企业排斥竞争者的进入，使企业在较长时间内都能处于稳定的领先地位。其缺点是延长企业的投资回收期，给企业带来较大的财务风险。另外，一开始就把价格定得比较低，一旦发现定价有误，企业就会处于被动的地位，很难调高产品的价格。

3. 满意定价策略

满足定价策略介于撇脂定价策略和渗透定价策略之间，能兼顾企业和消费者的利益，使双方都比较满意。满意价格策略的优点是价格比较稳定，使产品能较快地为市场所接受，使营销成功的可能性比较大，而且不大会引起竞争对手的对抗，可适当延长产品的生命周期。其缺点是使利润率和产品市场占有率都不大。

对于房地产企业来说，应该根据市场需求、竞争程度、价格弹性和企业的发展战略等因素，因地制宜地选定最合适的策略来确定企业新产品的价格。

（二）心理定价策略

心理定价策略是为适应和满足消费者的购买心理而采用的价格制定策略。企业在制定价格时可运用心理学原理，依据不同类型的消费者在购买商品时不同的心理要求来制定价格，以诱导消费者购买更多的产品，扩大企业销售量。心理定价策略具体有以下两种策略。

1. 整数定价策略

企业在给房地产商品定价时往往把其价格定成整数，而不带尾数，使消费者产生一种"一分钱一分货"的心理感觉。这样会使价格上升到一个比较高的档次，以满足消费者的某种心理需求。

2. 尾数定价策略

尾数定价策略利用消费者在购买商品时求廉的心理，将房地产商品价格定成有尾数的价格。

（三）声望定价策略

房地产开发企业可针对消费者"价高质必优"的心理，利用本企业的声誉及消费者对品牌的忠诚度对产品进行定价。在长期的市场经营中，有些企业的产品在消费者心目中有了一定的威望，形成了品牌效应。消费者认为其产品质量高、服务优，愿意支付较高的价格。

（四）分级定价策略

企业可把同类商品分为几个等级，使不同等级的商品具有不同的价格。这种定价策略能使消费者产生货真价实、按质论价的感觉，容易被消费者接受。例如，企业可将开发的楼盘分成小区绿地广场周围的中心区域、副中心区域等，再对不同区域的商品房制定不同的价格，但应注意划分的等级要适当，级差不能太大或太小。

（五）招徕定价策略

经营多种产品的企业，可对某些产品定价定得很低以吸引顾客，目的是招徕顾客购买低价商品时也购买其他产品，从而带动其他商品的销售。"低开高走"的方案就属于招徕定价策略。

七、房地产价格的修订策略

房地产企业为了提高竞争力和实现经营战略的需要，经常会给价格规定一个浮动范围和幅度，再根据不同的销售环境灵活地修订价格，使价格与市场营销组合中的其他因素更加紧密地配合，以促进和扩大销售。其主要是为吸引顾客、扩大销售而给予购房者折扣和折让。房地产价格的修订策略主要有以下四种。

（一）现金折扣策略

现金折扣是房地产企业经常使用的一种价格折扣与折让策略。它是指房地产企业为了加速资金周转，减少坏账损失或收账费用，减少财务风险，而给予用现金付款或在规定期限内付款的购房者在价格方面的优惠。现金折扣一般按照约定的期限来确定不同的折扣比例。例如，若购房者在 10 天内付款则可享受 2% 的折扣，在 20 天内付款可享受 1% 的折扣。

（二）数量折扣策略

数量折扣是房地产开发企业为鼓励顾客大量购买和集中购买而给予顾客的一种价格优惠。折扣数额可以按购买产品数量计算，也可以按照购买金额计算。企业采取这种策略，主要是鼓励顾客和本企业建立长期稳定的关系。

（三）功能折扣策略

功能折扣是房地产开发企业根据中间商所处的不同地位和所起的不同作用，而给予中间商的折扣。功能折扣的比例根据中间商在销售渠道中的地位、对企业产品销售的重要性、承担的风险以及产品在分销中所经历的层次和在市场上的最终售价确定。功能折扣策略的目的是对中间商经营的有关产品的成本和费用进行补偿，并让中间商有一定的盈利。

（四）推广折扣策略

推广折扣是房地产开发企业向为其项目楼盘进行广告宣传、展销、促销等活动的房地产代理商或经销商所提供的价格折扣，该折扣作为其推广活动的报酬，以鼓励代理商和经销商积极为房地产开发企业进行宣传。

八、市场竞争中的价格调整策略

产品价格确定以后，由于外部情况突然发生变化，企业需要对确定的价格进行调整。例如，市场供求环境发生了变化、企业的生产成本发生了变化、竞争对手的策略发生了改变、国家政策或行政法规发生了变更等。

（一）价格调整应考虑的因素

1. 潜在购房者对价格调整的反应

潜在购房者对价格调整的反应是检验调价是否成功的重要标准。企业主要研究潜在购房者如何理解本次调价以及消费者心理的变化，从而采取有效的措施。对于调高价格，潜在购房者可能会认为，该房地产商品质量优越；房地产开发企业想多获利；产品供不应求，销售情况与市场反应都很好；等等。对于降价，潜在购房者则会认为，房地产产品的质量可能有问题，企业想降价以尽快出手；房地产开发企业资金周转可能有困难，想回收资金；企业要对房型或朝向不好的剩余房地产商品做促销，价格可能还会再降，不妨等一等。

2. 竞争者对本方价格调整的反应

房地产开发企业在调整价格时，不仅要考虑购房者的反应，还要认真对待竞争者的反应，因为竞争者有可能会采取令人意想不到的行动。在调价前，企业必须了解竞争者的财务状况、近年来的开发建设和销售情况、消费者的忠实度、竞争企业的目标以及优势和劣势等情况。如果房地产开发企业掌握的历史资料比较丰富，则可以运用统计分析方法，分析竞争者应付价格变动的策略。

（二）价格调高的策略

企业不管是因为内部因素还是因为外部因素而调高价格，都需要运用一定的技巧和方法，其中主要有：企业通过公共关系、广告宣传等手段，在购房者认知的范围内，告知产品各组成部分价格上涨的真实情况，争取获得理解，减缓或消除消费者对价格上涨的抵触情绪；为了减少消费者对涨价感受到的压力，企业可以在产品质量上多下功夫。

（三）价格调低的策略

为了适应市场环境或内部情况的变化，有时企业需要下调价格。价格调低的方法与技巧有：在价格不变的情况下，改善产品的质量，增加产品的功能；增加折扣，或者在原有折扣的基础上，扩大各种折扣或折让比例。

第三节　房地产销售渠道策略及促销策略

一、房地产营销的渠道与特点

房地产营销的渠道是指房地产商品由房地产开发企业流向最终用户的方式，主要由经销商和代理商组成，有直接渠道和间接渠道两种形式。直接渠道是指房地产开发企业通过自己的营销人员直接销售其房地产产品的行为，简称为直销或自销。间接渠道是指房地产开发企业通过中间商将产品销售给消费者的一种营销方式。其中，房地产中间商是指处在房地产产品生产者和消费者之间，参与房地产商品流通业务，促进买卖行为发生和实现的机构或个人。房地产中间商按其是否拥有房地产商品所有权可分为房地产经销商和房地产代理商，由于房地产产权转移涉及巨额资金，间接渠道一般以代理商为主。

大型房地产开发企业往往拥有自己专门的市场营销队伍和世界或地区性的销售网络，其提供的服务有时比代理更为有效。因为本企业的人员更可能全力地为企业促销产品，从而可以对促销进行很好的控制。当市场为卖方市场时，由于市场供不应求，只要有楼盘推出房地产开发企业就会有很丰厚的利润，往往不需要专业的销售队伍，更不必委托他人销售。自身素质优良、市场反应非常好的项目，有时不需要房地产代理机构也能很快地租售出去。当企业所开发的房地产项目已有比较明确甚至固定的买家时，企业也无须再委托房地产代理机构。例如，房地产项目在开发前就已经预售给某些业主了，甚至是业主已支付部分或全部建设费用。

房地产营销直接渠道的优点有：房地产开发企业直接面向市场，了解购房者的需求、购买特点以及市场变化趋势，可以及时做出相应的经营决策，更好地满足消费者的需求；可以缩短房地产商品的流通环节，减少流通费用，降低营销成本；可为消费者提供特殊的服务，比如满足消费者对室内装修的不同要求，进而有利于企业扩大市场影响力，提高企业声誉以及树立企业品牌形象。

房地产营销直接渠道的缺点有：会占用企业一定的人力、物力和财力，分散企业经营决策层的精力，可能会使企业顾此失彼，导致开发建设和营销两方面都受影响；企业独立承担全部风险，因而风险较高；企业的营销网络、营销能力以及对市场信息的了解程度毕竟不如专业的中间商，有时会影响营销速度，延长项目周期，不利于企业的资金周转。

房地产营销间接渠道的优点有：可以集中人力、财力和物力，使企业专心于房地产项目的开发。同时，中间商的介入加快了房地产商品的流通速度和企业资金的周转速度，可以提高房地产开发企业的经营效益。房地产经销商的介入，提高了资金回收的速度。房地产代理商的介入，加快了房地产产品的营销速度，也间接起到了分散房地产开发企业经营风险的作用。中间商通常都会为消费者提供交易流程方面的相关服务，从而大大简化了交易手续，节约了购房者的时间和精力。

房地产中间商的主要经营目标就是推销房地产，把房地产产品的所有权或使用权尽快传送到消费者手中，实现房地产商品的价值和使用价值。中间商在承揽房地产营销任务后，通常会实施各种促销手段，从而保证房地产开发企业尽快完成资金回收。中间商对于价值评估、合同签订、产权登记、变更登记、工商税务以及金融保险等各个专业领域都有较为丰富的专业知识和经验积累，可以为房地产产品生产者和消费者提供相关的咨询服务。中间商可以利用自身的资质、商业信誉和特殊渠道，从中做大量的协调、融通工作，帮助房地产开发企业向银行争取建设贷款，或帮助广大购房者争取住房抵押贷款。房地产开发经营必须建立在市场调查和预测的基础之上，由于中间商处于市场的第一线，对于市场需求状况、消费者心理以及市场供求的变化和发展趋势掌握得最为直接和准确，因此企业通过中间商来进行市场调查和预测可靠程度高。

房地产营销间接渠道的缺点有：由于中间商会收取商品的中介费用，因此增加了商品的成本，其转嫁到购房者身上就会提高产品价格；房地产产品在使用过程中离不开各项服务，尤其是物业管理服务，中间商在这方面的服务往往不如房地产开发企业那样及时和周到；产品信息是由中间商"转达"的，因此信息质量会有所下降；开发商无法及时了解购房者需求以及竞争对手的最新信息，不容易把握市场变化趋势。

二、房地产营销的渠道选择

影响房地产营销渠道选择的因素主要有三个。

（一）市场因素

市场因素主要表现在潜在顾客数量、顾客购买习惯和销售的阶段性三方面。潜在购买者越多，则市场范围越大，企业越需要中间商来提供服务；若潜在顾客极少，则房地产开发企业可以利用自身的营销力量直接销售。顾客的消费偏好、意愿价格以及对销售人员的要求，都会影响营销渠道选择。房地产产品从预售阶段到工程竣工阶段需要一定的时间，通常预售阶段是房地产开发企业充分利用代理商的阶段，而工程竣工后企业则可以直接营销。

（二）公司因素

房地产开发企业规模大，资金雄厚，则较能任意选择营销渠道，可不依赖中间商的服务，自己建立销售网；但实力较差的企业则必须依赖中间商的服务。

房地产开发企业在营销方面的管理能力与经验影响着营销渠道的选择。房地产开发企业提供的服务越多、越完善，越能够吸引更多的中间商争取销售权。

（三）产品因素

房地产商品本身的特性也会对营销渠道选择产生影响，这主要体现在房地产产品价值上。例如企业推出的高档公寓和别墅，目标市场比较明确，企业可以直接派自己的营销人员推销，而不必采用间接营销渠道；而对于一些中低价位的楼盘，由于目标客户分散，企业采用直销方式显得成本过高。

三、房地产营销的渠道管理

房地产营销的渠道管理主要包括渠道控制、渠道合作和渠道冲突管理三方面内容。

（一）房地产营销渠道控制

房地产营销渠道控制是指在营销过程中房地产开发企业以各种标准制约营销渠道中各成员行为的活动过程，它应当贯穿于整个营销渠道管理过程。营销渠道控制的最终目的很明确，就是以本企业和产品为核心，实现企业经济效益最大化。

1. 制定渠道控制标准

渠道控制标准是指评估中间商各种工作绩效的具体标准，如销售目标任务、市场份额指标、广告宣传效果、信息反馈水平等。指标的制定应切实可行，以中间商经过努力即可达到为宜，指标定得过低或过高均不利。

2. 检查与修正控制标准

渠道控制标准应保持相对稳定，但市场发生较大变化时，则应适时修正。对于已经确定的标准，企业应充分做好沟通工作，使中间商心悦诚服地接受。

此外，企业应按期及时以既定标准评估中间商的工作绩效，对达标者给予规定的激励，而对绩效较差者，应帮助其分析失误原因，不应轻易中止合作合同，更换中间商。

3. 强化对中间商的监督

房地产开发企业强化对中间商的监督主要是为了防止中间商在营销过程中有违反法律法规和商业道德的行为。例如其可以协助政府有关行政部门加强对房地产经纪人的管理，促使经纪人奉公守法，合法经销。

4. 对营销渠道进行评估

房地产开发企业应定期对营销渠道做整体性的评估。当营销渠道的运作严重偏离控制目标并难以纠正时，企业应当考虑及时修正和调整营销渠道结构。

（二）房地产营销渠道合作

房地产营销渠道合作包括了解中间商的需求和对中间商的激励两方面内容。

1. 了解中间商的需求

中间商会根据市场需求决定自己选择什么样的房地产开发企业，合作管理的第一步是开发商去了解中间商的要求，然后在保持独立性的基础上尽量满足中间商的要求，使产品适销对路，并调动中间商的积极性。房地产开发企业一般要考虑中间商需要的是什么样的适销产品。房地产开发企业在注重产品质量的同时应注意产品功能和式样的创新，以符合市场需求的潮流。房地产开发企业要为中间商提供必要的人力、财力、物力的支持，这样才能更好地实现既定销售目标，例如提供营销人员的培训、专业技术的支持等。

2. 对中间商的激励

为了使整个营销系统能够有效运作，合作双方的良好关系必须维持长久。

渠道管理中的一个关键点就是增强维系双方关系的利益纽带。因此，对中间商的激励机制就显得相当重要。特别要注意的是，房地产开发企业建设营销渠道不是一蹴而就的，也不是一劳永逸的。中间商的激励机制，不管是手段还是效果，都应当注意保证持续性。

（三）房地产营销渠道冲突管理

中间商与房地产开发企业的利益目标是有所差异的，所以不管营销渠道选择得多好，控制和管理做得多好，两者之间总是会存在或大或小的冲突。营销渠道冲突是指渠道成员的某一方或几方利用某些优势和机会对其他成员所采取的敌意行为，这种敌意行为会阻挠或伤害其他成员的利益，但可以使本方得益。

房地产营销渠道冲突管理是指房地产开发企业通过建立一些特定的机制来发现并解决营销渠道的现有冲突和潜在冲突的行为。其目的在于消除渠道成员间的敌意，保证营销活动的顺利进行，树立企业在消费者心目中的整体形象。冲突管理的解决方法主要有以下几种。

第一，设立共同目标。共同目标设立的目的是使渠道成员通过共同努力，以达到单个成员所不能实现的目标，其内容包括市场份额、顾客满意度等。这种情况经常发生在渠道系统面临外部威胁时，如新竞争者的出现或购房者要求的改变，这时房地产开发企业可通过设立共同目标，联合排除威胁。

第二，加强沟通。房地产开发企业应通过加强渠道成员的沟通来消除冲突或潜在冲突，具体的方式包括渠道之间的人员互换、定期召开协调会等。

第三，劝说。房地产开发企业利用自己的权力或主导地位来化解问题，这是一种垂直方向的沟通方式。劝说实际上就是提醒渠道成员履行自己的职责，因此也是最常用的化解冲突的方法。

第四，谈判。谈判是当冲突升级到一定程度，一般的沟通已无法起到作用时采用的方法，其目的在于使双方互相陈述利害关系，说服对方做出让步。

第五，调解或仲裁。调解或仲裁是当冲突很尖锐并长期存在，无法通过渠道内部沟通解决时，借助外在的力量来解决问题的方法。调解与仲裁的区别在于前者借助的第三方是双方都认可的或者与之都有亲密关系的企业或人员，而后者借助的第三方常常是行业协会或其他专业仲裁机构。

四、房地产营销的促销策略

促销策略是指企业为了开展与消费者之间的全方位沟通，尽快销售自己的产品，实现整体营销目标而制定的具体的促销手段和促销活动。促销策略主要由广告策略、公共关系策略、销售推广策略和人员推广策略构成，具有吸引顾客、刺激消费、稳定销售、树立品牌等作用。

（一）房地产促销策略的实施步骤

房地产促销策略的实施步骤如下。

1. 确定促销对象

房地产促销策略的实施对象就是房地产开发企业及其产品相关信息的传播对象。传播对象可以是本企业的已有客户，也可以是目前尚未购买本企业产品，但有可能购买产品的潜在客户，还包括那些会对产品购买决策过程产生影响的其他个人、团体或特定公众。

2. 选择促销目标

在确定促销对象以后，房地产开发企业应该确定促销目标。由于房地产产品价格高、涉及层面广泛，购房者购买产品的决策是一个相当复杂的过程，包含了多个阶段，因此企业应当根据消费者购买产品的不同阶段来选择不同的具体促销目标。

购房者从接收信息到最终购买的过程大致可以分为"知晓—认识—喜爱—偏爱—确信—购买"六个阶段。房地产开发企业，首先要让大众知晓企业的产品，运用报纸杂志或电视等大众传播媒体进行宣传，制造声势，扩大产品影响范围；其次要制作一些精美的宣传手册、海报和传单等，激发消费者的好奇心和购买欲，吸引消费者主动向销售人员询问该产品，或者到售楼现场进行参观；然后在提供品质优良的产品的基础上进行促销，促使顾客喜欢；接着给潜在购房者展示产品独特的优势，当产品获得顾客喜爱后，让消费者确信自己的选择，产生购买的冲动；最后请顾客到售楼现场，在布置充满亲切感的接待中心、精美的样板房里，由经验丰富、熟悉消费者心理的销售代表进行合适的销售推广，采用一定的销售折扣或礼品辅助，把消费者的购买冲动转化为最终的购买行为。

3. 设计促销信息

房地产开发企业要针对促销对象和具体促销目标，设计和制作能传递一定信息的宣传产品，让促销对象产生企业所期望的那种反应。制作促销信息宣传产品的要点在于以合理的成本引起消费者的注意、提起消费者的兴趣，进而唤起消费者的购买欲望。

4. 安排促销预算

促销费用的多少是房地产开发企业所面临的困难决策内容之一，其目标当然是以较小的或者合理的投入获得最好的促销效果。其可以借鉴以下四种方法：量入为出法，按企业实际承受能力安排促销费用；销售额比例法，按照企业以往或预计的销售额来安排促销费用；竞争对手法，按企业竞争对手的促销费用来安排自己的促销费用；促销目标法，按企业所需要达到的促销目标安排促销费用。每个方法各有利弊，企业应凭借经验或通过咨询专业机构做出合适的促销预算。

5. 决定促销组合

企业根据不同的促销对象、促销目标和促销信息，结合企业促销预算，就可以决定广告、公共关系、销售推广和人员推销四种促销策略的组合。一般来说，房地产开发企业要实现整体营销目标必须利用每一种促销策略，但是侧重点可以有所不同，其对同一种促销策略中的具体促销手段也要有所选择。

6. 协调促销过程

协调促销过程主要指企业根据促销效果对偏离促销目标的各种促销活动纠正协调的过程，贯穿于整个营销策划的实施中。

（二）房地产广告促销策略

房地产广告是房地产促销策略中最为有效的一种手段，是联系房地产开发企业和潜在购房者的一条重要纽带。房地产广告策略是指由房地产企业出资，制作并通过不同媒介传播与房地产产品和服务相关联的信息产品，以达到营销目的的一种促销手段。企业开展房地产广告促销策略的作用在于：传递房地产信息，沟通供求双方；刺激市场需求，增加销售；介绍房地产行情，指导消费者购买；树立房地产企业信誉，建立品牌等。房地产广告促销策略的要点如下。

1. 房地产广告的基调把握

房地产广告必须来自明晰的客户定位，还必须来自对产品特征的理解，有时候还需要考虑竞争产品的应对问题。房地产广告基调得以正确贯彻的关键是选择统一的匹配表达方式，具有一定的时间延续性，突出所处地域特征。同时，企划人员的创意风格也非常关键。

2. 房地产广告语的撰写

通常广告语由两部分组成，它们分别是房地产企业及其产品的有关介绍说明和广告宣传语。每个房地产项目都有自己的相对优势，突出宣传这些优势，说服潜在购房者购买产品是房地产广告语创作构思的主要目的。房地产广告语的诉求大致有以下几点：产品性价比高、区位卓越、交通方便、学区优秀、环境优美、配套设施齐全、公司信誉和物业管理优秀等。

3. 撰写房地产广告语的原则

好的广告语可以刺激潜在购房者，达到引起注意（Attention）、引起兴趣（Interest）、创造欲望（Desire）、诱导行动（Action）的心理效果，即 AIDA 模式。这样才能把潜在购房者从当前等待的状态转变为实施购买的状态。成功的广告语，一般需要满足"5I"原则：新颖的创意（Idea）、直接的撞击（Immediate Impact）、连续的兴趣（Interest）、消息资料（Information）、冲动的意念（Impulsion）。

4. 撰写房地产广告语的实践要求

一个优秀的房地产广告撰写文员必须有观察感受与分析瞻望房地产市场变化发展的能力，从繁复的事件里理出焦点与创意，把物业优点彻底展现出来。撰写的主要步骤为：首先查看与观察现场；其次搜集有关资料、过滤资料；然后深入了解优缺点，找出可能的销售卖点；最后需握潜在购房者的心理趋向与所处背景进行广告词设计。

5. 房地产广告媒体的选择

广告媒体是房地产企业所采用的各种商业信息的载体。常用的房地产广告媒体大致有九类：报纸杂志、广播、电视、户外广告、夹报、海报、说明书广告、接待中心、样品房。在实践中企业需要根据各种媒体的特征来选择合适的宣传方式。

6.影响广告媒体选择的因素

广告的种类和形式繁多，又各有其优越性和局限性。要想得到预期的广告宣传效果，企业就必须进行正确的选择。广告媒体选择的目的在于以最低的广告费用取得最大的经济效益。企业正确地选择广告媒体，一般需要考虑以下七个要素：媒体的性质、广告商品的特性、消费者的习惯、广告目标的要求、市场竞争状况、国家法律规定和广告费用支出。对于同一广告主题，电视、报纸和杂志三种媒体各介绍一次的效果要比仅由其中一种媒体介绍三次的效果更佳；两种以上的广告媒体传播同一产品的广告信息到同一个人时，其广告效果是相互补充的。因此企业在实施广告时，可以使用多个广告媒体。

（三）房地产人员推销策略

下面介绍房地产人员推销策略的实施过程、激励机制和推销技巧。

1.房地产人员推销策略的实施过程

房地产人员推销策略的实施过程如下。

（1）过滤潜在购房者。

潜在顾客的出现可以有数种情况：一是顾客看到或听到企业在不同媒体上的广告，如报纸、广播、电视或海报等；二是推销人员及企业其他相关人员主动发掘，如请已购屋者介绍其亲朋好友来洽谈，请附近街坊穿针引线以及通过某些组织挖掘或直接拜访消费者等。推销员对于人数众多的潜在顾客群应审慎过滤，按其能力、意愿、需求将其分成若干等级，从最有可能成为顾客的入手。

（2）事前计划。

一名合格的推销员在约见顾客前必须进行详细计划，根据前阶段对顾客身份、地位和收入状况等背景资料的详细研究，事先推测此次推销中顾客可能的反应及其他问题，想好应该采用的沟通态度和方式，以及对不同情况的应对之策，并决定接触的方式，选择电话联络、登门造访、信函通知或其他方式。

（3）接近。

接近是推销人员会见顾客、进入洽谈阶段的必经步骤。洽谈能否成功，必须先看接近是否顺利。接近的关键是良好的第一印象形成，因此销售人员的仪表风范及开场白须慎重而得体，积极而亲切，千万不能疏忽。

（4）推进介绍。

该阶段的关键是找到合适的切入点。推销人员要将产品的特色与购房者的实际利益相结合，这样才能满足顾客的需要与期望。

（5）处理顾客异议。

一般而言，顾客产生异议的原因可能是：顾客提出自己的看法，希望对方澄清疑点；希望对产品及企业有更多更深入的了解；尚不想或无力购买，仅是提出推托之词；等等。在推销过程中，顾客常有不同的看法而对推销人员做出否定或拒绝的表示，这种异议会立即使推销人员陷入不利的处境。推销人员必须适时巧妙地化解顾客的抗拒，否则将无法达到推销的目的。

（6）成交。

成交阶段是推销的最后阶段，也是最关键的阶段。成交的过程也是一个谈判的过程，因此推销人员的谈判能力在该阶段显得至关重要。谈判的内容通常是价格和条件，推销人员应注意技巧，不能操之过急，防止误断或忽视顾客心理。推销人员还必须密切注意顾客的成交信号，包括身体动作、言辞、意见等，同时保持坦率诚恳的态度以及从容和悦的表情，使顾客能产生共鸣，觉得签订单确实恰如其时。

2. 房地产人员推销的激励机制

企业的报酬制度不仅能直接激励推销人员，而且能吸引其他企业的卓越推销人员。报酬制度制定应注意以下七个原则：底薪与奖金的分配；内容简明扼要，易于执行；弹性大，能配合商业变动；管理方便，符合经济原则；公平合理，有激励作用；在同业间有竞争力；可适时修正，掌握潮流。

报酬的付给方式一般有三种。一是固定薪金制，即有底薪保障，起码能维持最低所得，这种方式使推销人员生活有保障，人员流动率最低，推销人员与顾客的关系能保持常态，但最大缺点是不具奖励性。二是佣金制，即无底薪保障，收入完全由业绩而定，业绩高者薪资高，业绩低者薪资低甚至没有薪资。该方式奖励大，刺激性强，形成的"危机意识"强，但无底薪，使公司在管理上较为不易，较难掌握人员流动，有些推销员为了达成成绩，甚至不择手段，严重影响公司的信誉。三是混合制，即固定薪金制与佣金制混合运用，能够取两者之优点而消除其缺点。

3. 房地产人员推销技巧

房地产人员推销主要技巧如下。

（1）电话接听。

推销人员接听电话要热情、有礼，用心听顾客的询问，语调要亲切；在通话中间阶段要耐心解释，主动介绍，因为多数顾客不是房地产行家，他们对自己该从何处问起、问些什么并不是很清楚，一个有经验的推销人员应循序渐进地引导顾客询问问题；在通话结尾时应尽可能约好看房时间，如果顾客还没看房的意思，推销人员应该请顾客留下电话号码，以便经常给顾客提供房产信息，找到合适的机会再约顾客看房。

（2）了解顾客置业的目的。

顾客置业的目的有使用、保值或增值。推销人员在向顾客推销房子时，只有明确顾客的置业目的，才能做到有的放矢。

（3）赞美顾客。

人是有感情的，喜欢听赞美的话。赞美自然、得体会消除彼此的陌生感，但矫揉造作或言过其实，则会让顾客感到别扭、反感。对顾客的赞美最好在推销人员与顾客的闲聊中不知不觉让其感受到。

（4）语言合适。

推销人员针对不同类型的顾客要分别用不同的合适语言。

（5）态度始终如一。

推销人员对顾客应做到买与不买一个样，买前买后一个样。推销人员做到这一点并不难，而且这是最起码的一种态度。

（6）不要随意贬低他人楼盘。

随意贬低他人楼盘的行为在房地产推销中很难取信于顾客。相反，推销人员掌握较多的房源资料，用比较手法来强调自己楼盘的特点，顾客可能更容易接受。

（四）房地产公共关系策略

房地产企业的公共关系是指企业与公众之间的各种联系。公众既包括房地产开发企业的股东、员工等内部公众，也包括消费者、新闻媒介、金融机构、政府管理部门、竞争者、供应商以及中间商等外部公众。

房地产公共关系策略是指房地产开发企业为了提高企业形象，增强企业的竞争和发展能力，优化企业经营管理的内部环境，加强企业内部公众和外部公众的双向沟通而采取的所有策略手段。公共关系策略的最终目标是增加企业的销售，实现企业的经营目标和营销目标，因而它也是房地产营销促销策略的一种。但是公共关系策略与其他三种促销策略的最大不同在于，企业实施该策略的直接目的不是促进房地产产品的销售，而是通过树立和改善企业在公众心中的形象间接实现销售目标。

1. 房地产公共关系策略的工具

房地产公共关系策略的主要工具如下。

（1）新闻。

公关人员的主要任务是发现或创造对本企业有利的新闻。新闻的编写者要善于构想故事的概念，并广泛开展调研活动，其做法类似记者。争取与宣传媒体多接触是每个房地产企业都应当主动去做的，以更好地树立企业形象。

（2）演讲。

演讲是创造产品及企业知名度的一项工具。企业负责人应经常通过演讲宣传介绍企业状况，传播企业精神，圆满地回应来自公众的各种问题，这样可以拉近企业同公众的距离，有利于相互沟通。例如，企业总经理抓住房地产论坛、交流会、促销会开幕式等机会发表公众演说，可以大大提高企业知名度。

（3）事件。

房地产开发企业可以安排一些特殊的事件来吸引媒体的关心与注意，其目的在于让广大公众知道本企业的存在。有的时候企业在经营过程中会遇到一些不利的突发事件，善于公关的企业常常会积极应对，巧妙地消除不利因素，反而利用它来扩大企业的知名度。利用事件营销属于比较高级的营销手段，需要公关人员具有敏锐的感觉和高超的技巧，这样才可以妙手点睛，而不至于弄巧成拙。

（4）公益服务活动。

企业可通过投入一定金钱和时间在有益的公共事业方面，以提高其公众信誉，例如赞助希望小学、资助贫困在校大学生、对突发事件捐款等，其目的是博得公众对企业的好感。

（5）主题活动。

企业还可以开展一些主题活动，增进与同行、媒体以及消费者之间的交流，从而扩大企业的影响力。

（6）宣传性材料。

企业可以借助宣传性材料来联系和影响目标市场，其主要包括书面材料和视听材料两种。常用的书面材料有年度报告、公司业务通讯和公共刊物等，其目的在于让目标顾客知道并了解企业；常用的视听材料有短片、幻灯片、录影和录音等，其成本往往高于书面材料，但影响也比书面材料的大。

（7）企业身份媒体。

企业身份媒体指企业的标志、招牌、企业模型、业务名片、建筑物、制服和车辆等。一般来说，仅仅依靠企业的文字资料公众很难获得对企业清晰的印象，而这些有吸引力、有企业文化特色的企业身份媒体可以带给公众与众不同的深刻印象。

2. 房地产公共关系策略的实施过程

房地产公共关系策略的实施过程如下。

（1）进行公众认识调查。

房地产开发企业开展公共关系调查的目的在于了解企业在公众心中留下的印象。企业形象主要通过知名度和美誉度两个指标来衡量。知名度衡量的是公众对企业或其产品的知晓程度，可以用被调查者中知晓该企业或其产品的人数与被调查总人数之比来计算。美誉度衡量的是公众对企业或其产品的信任程度或好感度，它包含公众的个人感情，可以用被调查者中对该企业或其产品抱有好感的人数与被调查总人数之比来计算。在进行公众认知调查的同时，企业也可以在一定程度上考虑其内部人员所反映的意见。

（2）明确公共关系策略的目标。

企业要将公共关系策略与公众认知调查的结果联系起来，根据获得的知名度和美誉度衡量值与企业预期值的差距以及两个衡量值的比值来制定企业的目标。公共关系策略的目标应该与整体营销目标相协调，并具体化、可操作化。同时，具体目标的安排应分清轻重缓急，按重点依次排列。公共关系策略目标绝不能模糊不清，否则就会浪费金钱。

（3）确定公共关系策略的对象。

公共关系策略的对象是所有与企业相关联的组织和个人，包括组织公众和个人公众，要比房地产产品营销的涉及面更广。

（4）制订公共关系活动的计划。

企业应根据已经确定的公共关系策略的目标和对象，制订开展公共关系活动的计划，同时还要考虑预算开支、所需人力以及各种可控和不可控因素等，做好充分的准备。

（5）开展具体的公共关系活动。

企业应按制订的计划开展公关活动。在进行活动时，企业需要充分利用自身及相关人员的社会关系网。特别要注意的是，当进行的公关活动具有较大的社会影响时，企业必须密切注意控制事态的发展变化，一旦出现不利变化，必须及时做出反应，诚信又不失灵活地处理突发事件，保证公关目标的实现。

（6）评估公共关系策略的效果。

公共关系策略通常与其他促销策略一起使用。因此，其使用效果的衡量有一定难度，企业可以采用参与观察法、目标比较法、舆论调查法以及销售额和利润贡献法来定性地衡量其效果。参与观察法指房地产企业的主要负责人亲自参加公共关系活动，观察实际情况并估计效果，然后将获得的信息与公关人员所提供的工作报告进行比较。目标比较法将公共关系策略的目标具体化，用可以度量的方法明确下来，在活动结束后，再将测算结果和原定目标相比较，并进一步进行评估。舆论调查法是指在公共关系策略实施的前后分别对公众进行一次舆论调查，然后根据有关舆论情况及其变化评估公共关系策略的效果。利润贡献法在估计公共关系活动对增加总销售额的贡献比例的基础上，结合公关活动开展的成本计算公共关系策略的收益率。

（五）房地产销售推广策略

房地产销售推广策略是指房地产开发企业运用短期诱因来鼓励潜在购房者购买本企业产品的策略。这种短期诱因通常是一些折扣或奖励形式的经济利益诱导，也包括其他可以激起消费者购买欲望的非经济因素。

1. 房地产销售推广策略的类型与促销手段

房地产销售推广策略主要有两类。

（1）购房者策略。

购房者策略作为面向消费者的销售推广策略要从消费者的需求出发，刺激消费者的购买欲望，以达到使消费者满意为准。根据销售的不同阶段、物业的不同特点、购房者的不同特点，企业可以灵活地采用各种形式。房地产开发企业在开盘时，为了烘托现场气氛，营造一种热销场面，通常会向到现场来看房和咨询的消费者赠送礼品，以吸引消费者光顾；或对在促销期间购房者按一定的比例组织抽奖，中奖率依据奖品的价值和促销预算决定，奖品可以是旅游机会、家用电器等。在促销期间，企业也可以给购房者优惠一定的金额或价格折扣。根据物业的特点，在购房者买房时企业可赠送阁楼、空中花园，或针对一些高档客户赠送车位，对购房者免收一定的物业管理费或由房地产开发企业代为承担有关交易费用。房地产开发企业可以与金融机构、装潢公司和建材供应商等联合进行促销：与金融机构联合，可在住房抵押贷款上推出一系列的促销措施，如除住房抵押贷款外，给予办理住房装修贷款和汽车贷款；与装潢公司和建材供应商联合，可在住房装修与建材采购等方面解决购房者的后顾之忧。房地产企业可以根据实际情况，针对不同人群考虑以上不同的实施方案。

（2）中间商策略。

中间商策略是紧紧围绕中间商展开的。房地产开发企业运用这一策略是为了让自己的产品尽快进入中间商的营销网络，顺利地把产品分销出去。中间商策略也有很多形式。房地产行业协会一般都组织年度集会和展览会，房地产开发企业借机可以吸引实力雄厚的中间商帮助自己推销楼盘，为了感谢中间商而给予的推广津贴，实际上也是给中间商推销自己产品的一种报酬。在中间商开展促销活动时，房地产开发企业可提供一定的协作和帮助，这是一种共同参与的行为。提供现金、物品或劳务的方式，实际上降低了中间商的营运成本，提高了中间商的利润。此外，房地产开发企业可以给予提前或超额完成代销目标的中间商一定的现金奖励，也可以开展销售竞赛，给予销售情况最好的中间商和相关员工以物质奖励。

2. 房地产销售推广策略的主要内容

房地产销售推广策略的主要内容如下。

（1）销售推广目标。

企业对不同类型的销售推广策略的目标有所不同。企业对于消费者策略，主要的目标在于从企业的竞争者手中夺取客户，征得客户的好感，刺激客户的购买；而对于中间商策略，主要的目标在于鼓励优秀中间商来经销或代理自己的产品，同时提高已有中间商的忠诚度和信任度，扩大营销范围，增加营销网点，增强营销力度。

（2）销售推广手段。

房地产开发企业应当根据不同的营销情况确定需要提供诱因的程度，并选择合适的促销手段。而不同促销手段的刺激效果也有所不同。一般而言，面向中间商的销售推广手段实现的效果持续时间比较长，而对消费者的刺激只是阶段性的、一次性的。

（3）销售推广费用预算和规模。

首先，房地产开发企业在实施销售推广策略前需要做费用预算，既可以参照以前做过的费用制订预算，也可以从总促销费用中提取一定比例。其次，企业应根据费用预算确定推广规模，考虑所实施的每一种销售推广手段是面向所有的还是经过挑选的消费者或中间商，以及手段实施的具体费用。

（4）销售推广时间。

房地产开发企业进行销售推广活动的持续时间应适当。持续时间太短，消费者或中间商还来不及调整自己的决策，促销作用就无法发挥；持续时间太长，对消费者或中间商的诱导作用逐步减弱，就会使得促销作用失效。理想的促销时间和促销周期要根据房地产产品的种类以及具体的产品特征来确定。

第四节　房地产交易管理

一、房屋销售与租赁

（一）房屋出售

房屋销售是指房地产开发企业将商品房出售给买受人并由买受人支付房价款的行为和过程。其中，房地产开发企业将竣工验收合格的商品房出售给买受人，称为房屋现售；房地产开发企业将正在建设中的商品房预先出售给买受人，称为房屋预售。

1. 房屋销售的条件

房屋现售应当具备以下条件：一是现售商品房的房地产开发企业具有企业法人营业执照和房地产开发企业资质证书；二是房地产开发企业取得使用使用权证书或者土地使用批准文件；三是房地产开发企业持有建设工程规划许可证和施工许可证；四是工程已通过竣工验收；五是拆迁安置已经落实；六是供水、供电、供热、燃气、通信等配套基础设施具备交付使用条件，其他配套基础设施和公共设施具备交付使用条件或者已确定施工进度和交付日期；七是物业管理方案已经落实。

房屋预售应当具备以下条件：一是房地产开发企业已取得土地使用权证、建设用地许可证、建设规划许可证和施工许可证；二是投入的开发建设资金已达到规定的数额且竣工交付日期已确定；三是房地产开发企业已办理预售登记并取得房屋预售许可证。

2. 房屋销售的程序

（1）签订合同。

房屋买方通过调查了解确定预购对象后，与卖方（房地产开发企业）通过洽谈初步达成协议，并签订书面的房屋买卖合同。房屋买卖合同是房屋交易双方建立买卖关系的协定和履行权利义务的依据。房屋买卖合同应在房地产管理机构进行登记。

（2）付款成交。

在房屋买卖双方签订买卖合同后，买方按合同规定的日期和方式支付价款，卖方在规定的日期将所售房屋移交给买方。

（3）产权过户。

房屋买卖双方按合同规定的条件和日期，到房地产管理机构缴纳有关的税费，办理房屋产权过户，领取产权证书。

3.房屋销售的合同

商品房买卖合同应当明确以下主要内容：

（1）当事人名称或者姓名及联系方式；

（2）商品房基本状况，包括房屋坐落、结构、面积等；

（3）商品房的销售方式；

（4）商品房价款的确定方式及总价款、付款方式、付款时间；

（5）交付使用条件及日期；

（6）装饰、设备标准承诺；

（7）供水、供电、供热、燃气、通信、道路、绿化等配套基础设施和公共设施的交付承诺和有关权益、责任；

（8）公共配套建筑的产权归属；

（9）面积差异的处理方式；

（10）产权登记办理有关事宜；

（11）解决争议的方法；

（12）违约责任；

（13）双方约定的其他事项。

房地产开发企业可以自行销售商品房；受托中介服务机构销售商品房时，应当如实介绍所代理销售商品房的有关情况。

商品房销售可以按套计价，也可以按套内建筑面积或建筑面积计价。房地产开发企业应当按照批准的规划、设计建设商品房。房地产开发企业应当按照合同约定，将符合交付使用条件的商品房按期交付；未能按期交付的房地产开发企业应当承担违约责任。因不可抗力或者当事人在合同中约定的其他原因，需延期交付的，房地产开发企业应当及时告知买受人。房地产开发企业应提供住宅质量保证书、住宅使用说明书，并对所售商品房承担质量保修责任。保修期从交付之日起计算。

（二）房屋租赁

房地产开发企业开发的房屋，除了销售外，还可以出租。房屋租赁是指出租者将其房屋出租给承租人使用并由承租人向出租人支付一定的租金的行为。房屋租赁应出具有关的权属证书，签订书面的租赁合同，并按规定向房地产管理机构办理登记备案。

房屋租赁合同是由租赁双方协商签订的明确双方权利义务关系的书面协定，其中应包括以下内容。

第一，租赁双方的姓名（名称）、国籍、身份等。

第二，出租房屋的基本情况，包括房屋坐落的具体地址、门牌号码、楼层、结构、类型、用途、面积、装修及附属设施等。

第三，租赁期限。合同应明确房屋租赁的起止日期，并写明如需续租，承租人应提前一定时间提出要求，出租人同意后双方重新签订租赁合同。

第四，租金及支付方式和期限。合同应明确规定租金的计租标准和定期交付的租金额，应约定租金的支付方式是按月交租、按季交租还是按年交租，并具体规定交付期限。

第五，保证金等。房屋租赁双方可约定是否要交纳保证金及保证金的数额和偿还方式等，明确水、电等费用的承担者及支付方式和时间等。

第六，双方的权利和义务。出租人的权利主要是按期收取租金，依法收回房屋，监督房屋的使用等；出租人的义务主要是保障承租人对房屋的合法使用，按合同规定对房屋进行正常维修等。承租人的权利主要是对承租房屋享有占有使用权，有优先续租权和优先购买权等；承租人的义务主要是按期交纳租金，按规定合理使用房屋及其设备等。

第七，违约责任。

第八，其他事宜。

二、房地产抵押

（一）房地产抵押的意义

房地产抵押，是指债务人或者第三人以不转移占有的方式向债权人提供土地使用权、房屋和房屋期权（以下统称房地产）作为债权担保的行为；在债务人不履行债务时，债权人有权依法处分该抵押物并从处分所得的价款中优先得到偿还。

房地产抵押应当遵循平等、自愿、公平和诚实信用原则。

依法设定的房地产抵押权受法律保护。

（二）房地产抵押权的设定

1. 可以抵押的房地产

下列房地产可以抵押：

（1）依法获得的尚未建有房屋及其他地上定着物的出让土地使用权；

（2）依法获得所有权的房屋及其占用范围内的土地使用权；

（3）依法获得的房屋期权；

（4）依法可以抵押的其他房地产。

2. 不得抵押的房地产

下列房地产不得抵押：

（1）以行政划拨方式获得的尚未建有房屋及其他地上定着物的土地使用权；

（2）尚未建有房屋及其他地上定着物的农村集体所有土地使用权；

（3）学校、幼儿园、医院等以公益为目的的事业单位、社会团体的教育设施、医疗卫生设施和其他社会公益设施；

（4）依法列入城市房屋拆迁范围或者集体所有土地征用范围的房屋、土地使用权；

（5）政府代管的房地产；

（6）未依法登记领取权属证书的房屋和土地使用权；

（7）权属不明或者有争议的房地产；

（8）依法被查封、监管的房地产或者依法被以其他形式限制转移的房地产；

（9）已出租的公有居住房屋；

（10）依法不得抵押的其他房地产。

同一房地产设定两个以上抵押权的，抵押人应当将已经设定过的抵押情况告知抵押权人。抵押人所担保的债权不得超出其抵押物的价值。

房地产抵押后，该抵押房地产的价值大于所担保债权的余额部分，可以再次抵押，但不得超出余额部分。

以两宗以上房地产设定同一抵押权的，视为同一抵押房地产。但抵押当事人另有约定的除外。

以在建工程已完工部分抵押的，其土地使用权随之抵押。

有经营期限的企业以其所有的房地产抵押的，其设定的抵押期限不应当超过该企业的经营期限。

以具有土地使用年限的房地产抵押的，其抵押期限不得超过土地使用权出让合同规定的使用年限减去已经使用年限后的剩余年限。

以共有的房地产抵押的，抵押人应当事先征得其他共有人的书面同意。

预购商品房贷款抵押的，商品房开发项目必须符合房地产转让条件并取得商品房预售许可证。

以已出租的房地产抵押的，抵押人应当将租赁情况告知抵押权人，并将抵押情况告知承租人。原租赁合同继续有效。

（三）房地产抵押合同

房地产抵押合同应包括以下内容：

（1）抵押人、抵押权人的名称或者个人姓名、住所；

（2）主债权的种类、数额；

（3）抵押房地产的处所、名称、状况、建筑面积、用地面积以及四至等；

（4）抵押房地产的价值；

（5）抵押房地产的占用管理人、占用管理方式、占用管理责任以及意外损毁、灭失的责任；

（6）抵押期限；

（7）抵押权灭失的条件；

（8）违约责任；

（9）争议解决方式；

（10）抵押合同订立的时间与地点；

（11）双方约定的其他事项。

以在建工程抵押的，抵押合同还应当载明以下内容：

第一，国有土地使用权证、建设用地规划许可证和建设工程规划许可证编号；

第二，已缴纳的土地使用权出让金或需交纳的相当于土地使用权出让金的款额；

第三，已投入在建工程的工程款；

第四，施工进度及工程竣工日期；

第五，已完成的工作量和工程量。

（四）房地产抵押登记

房地产抵押合同签订后，抵押当事人应当到房地产所在地的房地产管理部门办理房地产抵押登记。房地产抵押合同自抵押登记之日起生效。

房地产抵押登记办理，应当向登记机关交验下列文件：

（1）抵押当事人的身份证明或法人资格证明；

（2）抵押登记申请书；

（3）抵押合同；

（4）国有土地使用权证、房屋所有权证或房地产权证，共有的房屋还必须提交房屋共有权证和其他共有人同意抵押的证明；

（5）可以证明抵押人有权设定抵押权的文件与证明材料；

（6）可以证明抵押房地产价值的资料；

（7）登记机关认为必要的其他文件。

（五）房地产抵押合同的变更、解除与终止

1. 房地产抵押合同的变更

抵押人和抵押权人协商一致，可以变更抵押合同。抵押合同变更，双方应当签订书面的抵押变更合同。一宗抵押物上存在两个以上抵押权的，需要变更抵押合同的抵押权人，必须征得所有后续位抵押权人的同意。

2. 房地产抵押合同的解除

抵押人和抵押权人协商一致，可以解除抵押合同。抵押合同解除，双方应当签订书面的抵押解除合同。

3. 房地产抵押合同的终止

有下列情形之一的，抵押合同终止：

（1）抵押所担保的债务已经履行；

（2）抵押合同被解除；

（3）债权人免除债务；

（4）法律规定终止或者当事人约定终止的其他情形。

（六）房地产抵押物的占管

已作为抵押物的房地产，由抵押人占用与管理。抵押人在抵押房地产占用与管理期间，应当维护抵押房地产的安全与完好。抵押权人有权按照抵押合同的规定监督、检查抵押房地产的管理情况。抵押当事人约定对抵押房地产保险的，由抵押人为抵押的房地产投保，保险费由抵押人负担。对抵押房地产投保的，抵押人应当将保险单移送抵押权人保管。在抵押期间，抵押权人为保险赔偿的第一受益人。

经抵押权人同意，抵押房地产可以转让或者出租。抵押房地产转让或者出租所得价款，应当向抵押权人提前清偿所担保的债权。超过债权数额的部分归抵押人所有，不足部分由债务人清偿。

抵押人占用与管理的抵押房地产发生损毁、灭失的，抵押人应当及时将情况告知抵押权人，并应当采取措施防止损失的扩大。抵押的房地产因抵押人的行为造成损失使抵押房地产价值不足以作为履行债务的担保时，抵押权人有权要求抵押人重新提供或者增加担保以弥补不足，或者直接向保险公司行使求偿权。抵押人对抵押房地产价值减少无过错的，抵押权人只能在抵押人因损害而得到的赔偿的范围内要求提供担保。抵押房地产价值未减少的部分，仍作为债务的担保。

第七章　完善房地产制度及其税制改革的协调配套制度

第一节　深化农村"三权分置"改革

一、农地"三权分置"的要求

农地"三权分置"最早在 2015 年中央一号文件中提出，其要求抓紧修改土地承包方面的法律，界定农村土地集体所有权、农户承包权、土地经营权的权利关系。这一主张是在全国推行的"以家庭承包经营为基础、统分结合的双层经营体制"之后的又一创新之举。

改革开放之初实行的家庭承包制旨在改变农村集体经济"大锅饭"的低效，以维稳、激励、增效为核心，将农民个人所有制引入农村集体的合作经济中，使过去"纯而又纯"的集体所有制变成集体所有制与个人所有制相结合的混合所有制，这是对集体统一经营体制的创新。其权属变动核心是土地所有权与承包经营权的分离，仍属于集体所有制的有效形式。由于赋予了农民完全的承包经营权，农民在土地上的"权、责、利"高度统一，从而积极调动了农民的生产、投资积极性和创造性，有力促进了农业生产的发展。

但在改革开放后的社会经济发展中，我国产业结构发生了巨大变化，第三产业发展势头迅猛，我国产业结构呈现鲜明的第三产业产值越来越大、第一产业产值越来越小的趋势。这种改变既是社会经济发展、进步的必然结果，也自发调整着人们的就业趋势和从业选择。由于第二、三产业的工资收入明显高于农业生产收入，再加上农业产业效率的提高，越来越多的农村人口开始"弃农从工、弃农经商"。

在这种现实下，"三权分置"的推行既是对现实要求的积极回应，也是时代发展的必然趋势。"三权分置"是在继承农村双层经营体制基础上的创新，仍然以家庭承包经营制为基础，旨在通过承包权与经营权的分离更好地优化农业资源配置，减少农地浪费。所谓所有权，说到底就是处置权、控制权、约束权；所谓承包权，说到底就是财产权，其为农民提供基本生活保障；所谓经营权，说到底就是收益权。因此，"明确所有权、稳定承包权、放活经营权"是"三权分置"改革的核心内容。其中，"明确所有权"要求坚持农村土地集体所有权属性不动摇，并通过发包权、调整权、知情权、监督权、决策权等予以实体权利落实；"稳定承包权"要求坚持统分结合的双层经营体制不改变，并通过进一步明确占有权、使用权、自主组织生产经营权、处置产品和收益权、退出权、抵押权，以及转让、互换、出租、转包、入股等流转权能的落实，尊重并保护农民的承包效益；"放活经营权"要求在遵守集体所有权、保护承包权的基础上，充分尊重农民的经营意愿和社会资本经营意愿，以优化土地资源配置为核心，准予农民流转经营权，利用外来社会力量提升土地产出率，并保障农民的劳动效益和收入水平，即通过适度规模经营和现代农业发展提高资源利用率和劳动生产效率。

二、农地"三权分置"后的税收规制

农地"三权分置"推行后，出现了所有者、承包者和经营者三者分离的主体构成格局，三者在权利范围和利益获取上存在差别。而自 2006 年全国范围农业税免征后，增值税、所得税、土地使用税（除耕地占用税）等都没有向农村延伸，"三农"基本上游离于税收体系之外，税收的功能和作用得不到体现，既不符合提高资源配置效率的房地产制度改革需要，也不符合城乡一体的税收公平原则。东、中、西部区域性的经济水平差异使得一些发达地区农民的收入远远超过欠发达地区城镇居民的收入，国家在对后者征税的同时若仍将富裕农民排除在外，则会加大社会不公。根据能力大小对农民进行税收调节已是促进社会公平的重要手段之一。因此，无论是从税收对土地的调控趋势，还是从城乡一体化下房地产资源公平配置的需要来看，在未来，国家对农村承包经营地征税都是必然趋势。

但在今后一段时期内，为促进"三农"发展，对承包经营地的征税不可急功近利，需要分环节逐步推行，并设置一定的免税过渡期。

首先，随着土地承包经营权"三权分置"改革的推进，我国现有农村土地承包经营法肯定需要修订，借此时机，可将征税旨向及出发点写入其中，为以后的承包经营地征税提供法律依据和保障。一是可将"提高农村承包地使用效率"写入立法目的，即将第一条修改为"为稳定和完善以家庭承包经营为基础、统分结合的双层经营体制，赋予农民长期而有保障的土地使用权，维护农村土地承包当事人的合法权益，提高承包地使用效率，促进农业、农村经济发展和农村社会稳定，根据宪法，制定本法"。这既是对承包经营地征税的目的，也是目前"三权分置"改革的目的。二是将征税旨向写入其中，在其中加入"为提高土地资源利用效率，防止土地荒废，国家可对农村承包土地征税，具体按照有关税法规定执行"。这既是对未来征税的授权，也是通过征税保障承包地的权利。

其次，在流转环节，由于在农业生产用途不变的情况下承包地的流转增值收益较低，在一些偏远地区甚至是负收益地区，为提高农用地利用效率、促进流转、培育规模经营和农业产业化，我们建议该环节继续实施税收优惠，不予征税。但若是农用地转为建设用地，则必须通过耕地占用税、土地增值税等予以调节，以适用集体建设用地流转征税设计。

再次，在保有环节，为减少抛荒撂荒现象，鼓励主动退出承包经营权，可考虑开征农地使用税，通过增加税收成本提高土地使用效率。具体可将所有农业用地包括在内，以面积为税基，根据农地质量优劣设定不同级别的比例税率范围。自然资源部目前已形成"定期全面评价、年度更新评价、年度监测评价"的耕地质量评价制度和体系，对耕地质量有较全面的掌握，可以此为基础，对不同质量的农地分级别规定比例税率及其上下限；然后授权省级政府根据农地评定和实际配置状况确定本省的相关税率类别及上下限，再由县级政府确定具体适用标准。国有农场、国有农地对此也应同等适用。

最后，征收农用地使用税时，还需利用税收优惠杠杆激励配置效率。一方面，应对规模达到一定程度（如达到当地户均农地面积的 10 倍或更多）的经营大户、农业企业的农地给予一定的减免优惠，可根据规模大小分档次减免 20% ~ 50% 的农地使用税，规模越大，减免越多。对因家庭户口迁出集体而主动退出农用地的，可在再次发包完成后给予 5 ~ 10 年的退税。另一方面，对受灾较重的地区或个人应予以减免，对偏远贫困山区耕作条件恶劣，无法实施规模化、产业化经营的农用地应直接予以减免。这类地区有人愿意耕种已属不易，事实上还需政府给予补贴，鼓励耕种。

总体上，农业收益率低于非农业收益率，而且农业又是我国国民经济基础，解决十几亿人的温饱问题、支持农业现代化发展、提高农业产量是当前和今后一段时期内社会稳定发展的关键，因此，提高农用地使用效率同时对其设计一定幅度的税收优惠是促进"三农"发展的应有之意。等到未来农村和城市一样发达、农业和工业一样先进的时候，这些税收优惠政策范围可以逐步缩小，但不能完全取消，这是由农业特殊性所决定的，那些已经实现农业现代化的发达国家，对农业用地也在优惠税收。例如美国就通过低评估值或低税率的方式对农场、耕地和特定类型林地给予优惠税收。

三、逐步推行宅基地的"三权分置"

十八届三中全会《关于全面深化改革若干重大问题的决定》中，中央首次提出"农民住房财产权"，这个概念范畴不同于宅基地，开始对宅基地常见的所有权、使用权的"二分法"予以深化。2018年中央一号文件《中共中央国务院关于实施乡村振兴战略的意见》中则明确提出"完善农民限制宅基地和闲置农房政策，探索宅基地所有权、资格权、使用权'三权分置'，落实宅基地集体所有权，保障宅基地农户资格权和农民房屋财产权，适度放活宅基地和农民房屋使用权"。

宅基地"三权分置"的基础是"一分为二"的视角，即宅基地的"底"是集体所有，农民仅享有占有、使用权；但宅基地上的"房"是农民私有财产，可以自行处置，用于抵押、担保、转让等。但在实体形态上房、地不可分，这就使宅基地的权利划分极其重要。

（一）马克思土地产权理论

马克思虽然没有明确提出"土地产权"这一范畴，但在《资本论》《剩余价值理论》等经典著作中，其对土地产权的内涵与外延进行了充分论述，构成了完整、科学的土地产权权能理论。该理论包括如下几部分。

其一，土地产权是指由终极所有权及所有权衍生出来的占有权、使用权、处分权、收益权、出租权、转让权、抵押权等权能组成的权利束。土地产权权能的核心是终极所有权，其最大特点是排他性。根据土地权能占有主体的不同，马克思将其分为完全土地所有权和经济意义或事实上的土地所有权。

其二，土地产权权能既可结合又可分离。马克思将土地产权权能的关系分为三种形式：一是小生产方式中所有权和占有权、使用权合而为一，土地所有者同时也是支配者和使用者；二是土地所有权与使用权、占有权相分离，分属不同的主体所有，主要存在于私有社会中；三是土地国有基础上的所有权与使用权、占有权的分离，即主权就是全国范围内集中的土地所有权，无土地私有权，虽然存在着对土地和人的共同的占有权和使用权。这说明当土地归国家所有时，不存在个人的私有所有权，但占有权、使用权可以分离出去，存在私人个体或共同的占有权和使用权。

其三，地租是土地所有权在经济上借以实现自己、增值自己的形式。马克思认为土地所有人可将土地交给土地使用人，并收取某些费用，这些费用就是地租。根据形成方式不同，其分为级差地租、绝对地租和垄断地租。在社会主义，以土地好坏不同为条件的经济收益差别依然存在，这可以认定是社会主义级差地租。

其四，土地产权具有交易商品化和配置市场化的特点。马克思在商品经济条件下谈到农村土地产权时，都把农村土地产权当作商品来理解，指出"在这里，社会上一部分人向另一部分人要求一种贡赋，作为后者在地球上居住的权利的代价"，即意味着土地产权不仅是一种收入源泉，而且作为一种产权和一种手段，可以生产出剩余价值并进行分割，在利益最大化的追逐下，土地权能的有偿使用成为常态，土地产权实质上已具备了交易商品化和配置市场化的特点。

（二）构建农村宅基地产权概念

长期以来，我国已建立起基于集体所有、"一户一宅"和成员资格无偿申请获得三大要点为支柱的宅基地制度，也构成了我国农村宅基地产权的框架体系。但对具体权能内容学者们众说纷纭。除了前述马克思的界定外，姚洋在分析中国农地制度现状时，将农地产权界定为包括法律所有权、剩余索取权、使用权、处置权以及这些权利的可靠性等多种权利束，周其仁认为农地产权的基本权利包括转让权、使用权和收益权。徐汉明认为土地产权的权能结构包括归属权、控制权、利用权、流转权等。

不论如何界定，农村宅基地作为土地特别用途的一个类型，其产权也应包括上述权能。现阶段，这些具体权能被认为具有不同的重要性，从强到弱依次为处分权、使用权和收益权。虽然所有权在理论上非常重要，但在实践中如果使用权和处分权能够得到保证，所有权的归属对土地资源配置效率的影响就没有想象中的那样大。正因为如此，在对农村宅基地产权进行研究时，学者们更注重对使用权的研究，我国物权法也只明确规定了宅基地使用权。

正是基于对农村宅基地产权权能的划分和重要性的不同认识，学者们提出了相对私有产权、公有产权和模糊产权三种性质界定。

持私有产权观点的学者主要从产权的排他性来界定，根据财产收益"私有""共有"的差别程度，认为存在"宅基地＞自留地＞承包地＞集体公益用地"的产权明晰排序，提出"基于产权明晰和区位优越，农村的宅基地往往是土地集约化程度最高的土地资源，宅基地的排他性的收益和福利的预期显然比其他土地更突出和显著"。因此，"目前宅基地虽然在土地制度和有关法律上被定位为集体所有，但相对其他的农村集体土地，其产权的'私有'性质仍无法掩盖"。

持公有产权观点的学者主要是从现行法律对农村集体土地的狭义所有权主体规定来界定的，由于集体土地归（农民）集体所有，并由所有成员或成员代表来行使相关权利，因此，我国农村土地集体产权是一种公有产权，公有产权的基本矛盾——个人既是所有者又是非所有者——使得现行农村宅基地使用权制度表现为农民是天然的使用权主体，具有必然的、不可剥夺的、与他人平等的使用权份额，并获得相应的收益。但同时农民作为所属集体土地的非所有者，如果不参与土地经营或放弃自己的土地使用权，便无法获取土地收益。

模糊产权观点是当前学界对宅基地产权的主流观点，但人们对"模糊"的认定不同。一种观点认为模糊产权主要表现为宅基地所有权主体模糊，并致使农村居民的房、地所有权分离，建在宅基地上的房屋成为仅依赖土地使用权而享有所有权的"空中楼阁"，农民仅对房屋有处置权，对房屋所在的宅基地却不享有处置权。另一种观点将模糊产权界定为政府有意制造并占有稀缺资源后"将其有价属性在国家范围内形成的'公共领域'"，以及通过限制行为主体能力，"使所有者将法律上界定并可以实施的所有权，因政府限制而被迫放弃的那部分产权形成的'公共领域'"。宅基地产权主体因自用、出租、抵押、对外出售等限制被迫放弃部分产权并使之留在"公共领域"；同时，农民会因成本、收益比较而自愿放弃建造高层房屋，放弃部分产权，将其留在"公共领域"，这些"公共领域"都使目前的宅基地产权成为模糊产权。

上述内容对我国农村宅基地产权性质的认定观点有一定的代表性，相对私有产权观点仅从宅基地使用、收益权能出发予以定性，存在片面性。但在现实中，宅基地个人私有观念已比较普遍，农户也对自家宅基地有更强的自我归属感。

宅基地所有权、资格权、使用权"三权分置"改革的推进，符合马克思"土地产权权能既可结合又可分离"的理论，是对我国宅基地产权确定方向的细化。

其关键在于适应社会需求，进一步明确占有、使用、收益、处分等具体权能的范围和方式，从而提高宅基地使用效益。

（三）推行宅基地"三权分置"的注意事项

一是要在前期制度安排上清晰设计、严密部署，引导宅基地使用权的适度"放活"，尤其预防一些地方的农民在宅基地使用权流转后占用耕地建房现象的出现。

二是要完善法律的规范。无论是农村进城落户人员宅基地在集体经济组织内部的自愿有偿退出或转让，还是"房地合一""地随房走"的宅基地及房屋抵押困惑，都需要法律的支持。因此，应尽快修改与宅基地相关的法律，出台细节政策，把宅基地流转问题纳入法制化、规范化的轨道。

三是在确定所有权的基础上，以稳定资格权、流转使用权为重心，从而增加土地供给，并提高农民财产性收入。现有立法在宅基地使用权的理解上，未能区分成员权和使用权，这种规制模式在一定程度上导致以成员权的身份性为理由，禁止宅基地使用权的转让，无法实现宅基地使用权的市场化资源配置。

新提出的"资格权"则是对宅基地使用主体成员权的特别界定。长期以来，宅基地的获得和使用始终基于"集体组织成员无偿获得"，并受"一户一宅"限制。在实际中，通过申请、审批方式，从所有权主体取得宅基地的分配环节可以较好地贯彻成员身份权；但在继受、共同共有关系中，这种成员资格权则无法完全落实。其中，继受包括继承、赠予和买卖方式，目前国家仅强调"城市居民到农村买宅基地的口子不能开，严格禁止下乡人员利用农村宅基地建设别墅大院和私人会馆等"，即仅对城市居民的购买行为予以限制，但对户口从农村迁出、拥有继承权或接受赠予的非本农民集体成员而言，则破除了这种成员资格权。2010 年，国土资源部、中央农村工作小组办公室、财政部、农业部联合发布的《关于农村集体土地确权登记发证的若干意见》明确规定，非本农民集体成员的农村或城镇居民，因继承房屋占用宅基地的，可按规定登记发证，该规定明确了资格权的例外。另外，共同共有关系是指因双方缔结为夫妻，一方以新增家庭成员身份分享使用已有宅基地的权利，判定标准应以其是否迁入户口落户为主，如果落户，则应视为新增集体成员，有自动获取权，如果未落户则不应获得该权。

流转使用权则要求在落实资格权的基础上，将使用权人范围扩大到资格权外，允许非集体成员使用宅基地，提高宅基地配置效率。为区分资格权和使用权，应仿照国有土地使用方式，明确不同使用类型下的使用期限，并规定到期后的回收、审核、续费等细节。事实上，宅基地使用权的流转也仅是用于租赁住房的出租，此类住房不能变更到别人名下，不能买卖。

四是探索与实践的结合。宅基地"三权"的内涵、权利边界及相互关系，需在理论和实践方面不断探讨和完善，由此引发的土地征收时利益的分配、"三权分置"的具体实现形式等，既可以结合乡村旅游发展、返乡下乡人员创新创业等先行先试，以探索利用农村闲置农房和宅基地增加农民财产性收入、促进乡村振兴的经验和办法，又需要在后续工作中不断研究解决问题的办法。

第二节　完善住房租售并举制度

长期以来，我国房地产"重买卖轻租赁"的倾向，导致房屋租赁市场发展严重滞后。房屋租售市场的长期失衡不仅制约了房地产市场的健康发展，也使得"人人享有适当住房"的预期目标难以达成。在房地产制度改革中，迫切需要通过积极措施，引导住房产、供、销等各个环节体现租售并举，引导市场淡化对自有住房购买的依赖，通过规模化租赁住房的提供，合理配备租售比，从而引导人们通过租房来解决居住问题，并促进商品住房市场热度的降低。从长远来看，住房租售并举制度的完善是构成房地产长效机制的必要举措。

一、多主体供应

2015 年，国务院在《关于深入推进新型城镇化建设的若干意见》中首次提出以满足市民的住房需求为主要出发点，构建购房与租房并举、市场配置与政府保障相结合的住房制度；之后，国家"十三五"规划纲要将租购并举的住房制度作为住房制度改革的主要深化方向。党的十九大和中央经济工作会议则进一步提出要推动建立多主体供应、多渠道保障租购并举的住房制度，其中包含"政府不再垄断供地，开发商不再垄断建房"的含义。

多主体供应实际上包括两重含义：既需要多主体供应房源，又需要多主体供应土地，后者是前者的必然前提。多主体供应房源包括租、售的同时推进。首先，继续推动并落实城市棚户区改造项目。近年来，国家将棚户区改造作为改善居民居住条件、推动新型城镇化建设的重要举措。这一项目的推进使在城市层面的房地产供应增强。其次，增加公租房、租赁住房、共有产权住房的供应。政府鼓励除房地产企业以外的其他经营主体在权属不变、符合规划的条件下，参与公租房、租赁住房、共有产权住房的投资建设，尤其是增加人口净流入的一、二线城市的公共住房供给量。最后，积极推动"租售同权"。虽然目前"租售同权"因为"学区房"等备受争议，但从房地产制度的长远发展来看，逐步推进租房与买房居民在基本公共服务方面享有同等待遇，并通过法律制度的完善进一步明确、保护租赁当事人的合法权益和租金、租期等制度，是有效推动租房制度完善的必经之路，也可以有效推进多主体供给房源目标的实现。

多主体供应土地在我国国情下是指打破建设用地国家单一供应的垄断局势，增加集体供应。在试点集体经营性建设用地直接入市的基础上，国土资源部和住房城乡建设部又联合下发通知，确定在北京、上海、南京、杭州等13个城市开展利用集体建设用地建设租赁住房试点，这是在多主体供应土地基础上推行的多主体供应住房改革。该改革被学者们认为有助于构建租购并举的住房体系，建立健全房地产业平稳健康发展长效机制；有助于拓展集体土地用途，拓宽集体经济组织和农民的增收渠道。在具体推行中，在坚持集体所有权属不变的前提下，要有效防范"以租代售"，切实发挥增加租赁住房的作用，同时还需引入"招拍挂"的现行土地市场化机制运行手段，并通过这类相对公平的手段最大限度地增加集体利益。在目前地方政府仍以卖地为主获取土地财政收入的实际情况下，集体建设用地及企业用地供给只能是一种潜在补充，在推行建设租赁住房的试点中，集体土地入市后只能用于租赁，不可出售，故主要对应租赁住房和公共住房，对带动租赁市场、增加市场供应有积极作用。

二、多渠道保障

由于租赁房投资资金需求量大、回收期长，住房租售并举制度推行时需要多渠道的配套措施予以保障。一是积极培育住房租赁市场供给主体。如政府支持、鼓励房地产开发企业开展租赁住房的业务，发展一批专业化的住房租赁企业，规范住房租赁中介机构，提升中介人员素质，提高服务质量等。二是通过财税制度促进住房租赁市场的发展。对需求方，结合正在进行的个人所得税改革，可以研究实施租房支出抵扣个人所得税，从而鼓励无能力购买住房的居民积极通过租赁方式满足居住需求，缓解购买压力；对供给方，应通过租赁企业的土地税收减免、租赁收入用于增值税抵扣等方式增加企业运营收益，进而刺激房地产开发企业提供租赁住房的积极性；同时，考虑从土地出让金缴纳方式的转型上予以优惠，即从一次性缴清改为按年收取，在减轻企业压力的同时提高其积极性。三是完善住房金融制度。在利用集体建设用地提供租赁住房时，地方政府、村集体与村民可共同组建住宅合作社，对集体建设用地共同开发，开发费用可以集体土地作为抵押物向金融机构融资，也可以通过转让住宅合作社部分股权的方式引入合作者，还可以将民营企业作为长期机构投资者引入租赁用房的建设运营环节，通过股权、分红、抵押、融资等配套金融服务保障租赁制度的推行，还可以扩展租赁住房资产证券化、房地产投资信托基金等新型金融产品，扩大服务范围。四是完善相关的公共服务。租售并举的住房制度不是简单地增加租赁房供给的数量，而是要让承租人住得安心、住得满意，与购房人一样享受平等的公共福利。在现实中，住房销售市场存在"学区房"现象，其根本原因就是地方政府提供的公共服务不平等。政府鼓励租房，除房屋本身的质量、设施等硬件要求符合规定外，教育、医疗、文体、治安等软性公共服务也要与之配套，满足居民生活需求，从而才能促进租购并举住房制度的形成。五是健全租房市场立法。无论是房屋租赁制度的顶层设计，还是房屋租赁中的权益和中介公司的责任，抑或租房纠纷解决机制或市场监管，都需要通过立法的完善切实增强承租者的安全感，通过实现承租者的权益保障，使租房切实成为实现"住有所居"的重要途径。

第三节　协调房地产增值收益分配格局

国务院办公厅先后印发《跨省域补充耕地国家统筹管理办法》和《城乡建设用地增减挂钩节余指标跨省域调剂管理办法》，前者明确建设占用耕地跨省域补充的国家统筹措施；后者建立了增减挂钩节余指标的跨省域调节机制。其共同之处就是在确保耕地数量不减少、质量不降低的基础上，将指标调剂收益全部用于脱贫攻坚和乡村振兴。这既是我国土地管理制度的重大创新，也是国家实施脱贫攻坚工程和乡村振兴战略的有力举措，具有"一石多鸟"的重要作用。

耕地或城乡建设用地指标的跨省域调整基础是土地的收益性，其收益大小由土地自身的财产属性和可以获取流量财富资本特性决定，占有土地即意味着拥有存量财富以及获得流量财富的可能性。而收益分配的本质其实是权利的界定与分配。长期以来，我国城乡二元土地制度为城镇化建设提供大量廉价土地，同时还通过土地收益分配中的"重政府、轻农户，重城市、轻农村"的不公平局面积累了巨额资金，这也是集体建设用地入市和"去土地财政"中的重要阻力。合理配置房地产增值收益在横向不同区域之间、纵向不同主体之间的分配格局，是保障房地产制度及其税制改革顺利推进的前提之一。

一、借鉴土地发展权内涵引导增值收益分配体系

土地发展权是英美法系国家的一项重要地权概念，作为可与土地所有权分离而单独处分的财产权，主要指土地所有权人或使用权人变更土地用途或改变其使用性质而获得发展土地的权利。在实际中，土地发展权被视为对土地增值的一种管理工具，为刚性土地利用规划与分区管制提供了一种矫正机制，缓解了土地开发利用活动中土地增值收益分配不公的矛盾。国外的土地发展权归属做法各异，例如美国实施土地私有制，土地发展权以分区管制中的土地开发利用要求与条件为依据，自动归属所有者并具有私权性质，其流转通过土地发展权移转或征购来实现。英国土地名义上归英国国王所有，实际上为私有，但在英国的城乡规划法中将一切私有土地发展权移转归国家所有，私有土地变更用

途必须经许可批准，所有者先行向政府购买土地发展权，这也成为英国土地增值收益分配的基础。法国通过"法定密度极限"制度和土地干预区制度来实施土地发展权的共享体系，其中土地干预区内的开发权属于私权，归土地所有者或开发者，超出"法定密度极限"部分的开发权则属于公权，归国家所有。

我国没有有关土地发展权的规定，但在土地利用实践中却出现了大量土地发展权转移和交易的做法，例如浙江省实施了以"折抵、复垦指标""待置换用地区"为基本要素的"区域内土地发展权转移"政策体系，和以"折抵指标有偿调剂""基本农田易地代保""易地补充耕地"为内容的"跨区域土地发展权交易"政策体系；而天津市实施的"宅基地换房"模式、成都市的"城乡统筹"模式、重庆市的"地票"交易模式，以及各地实施的城乡建设用地增减挂钩试点等，都属于行政区域内地方政府主导的土地发展权转移。从表面上看，这是建设用地指标与耕地、宅基地等非建设用地指标的对换，但从根本上看仍是基于各自地块的不同用途和发展权的不同而做的转换，是地方政府获取城市建设用地指标、支持城市发展的做法。

无论是从国外经验，还是从我国实践，都可以明确一点，即土地发展权作为从土地所有权基础上因国家管制权的行使而分立出来的一种物权，与土地所有权制度没有冲突，并能更好地保护土地所有权的神圣性。主要原因是土地发展权的实施实际上是将土地规划和用途管制机制市场化，通过市场交易机制使土地规划和用途管制的刚性在必要时变得具有弹性，这样既满足土地用途转变需求，还能保护土地所有人或原土地使用人的利益。这种权利已成为缓解我国建设用地计划管理体制与市场化条件下经济发展、城市扩张之间矛盾的手段之一，对缓解城市建设用地压力、提高土地配置效率有积极意义。学者们也提出，虽然从法律体系上来看引入"土地发展权"不可行，但这并不能否认制度背后所隐含问题的普遍性，可以借鉴土地发展权的内涵和理念平衡土地使用权中公权力与私权利之间的张力，规制我国房地产增值收益分配体制的建立。

首先，从理论上，土地发展权包括广义和狭义两种，狭义上的仅指农用地转变为建设用地或其他形式的变化；广义上的则指各类型土地因用途转变和强度提高而获得更多利益的权利。我国房地产制度中涉及的土地发展权可以界定为广义基础上因农村集体建设用地利用强度的改变而体现的权益归属及其分配，目前主要涉及集体经营性建设用地和宅基地两大类型。

其次，从参与权和收益权两个层面引入土地发展权理念，重在体现社会整体利益价值取向和国家干预。参与权强调城乡房地产增值收益分配制度要兼顾管理者和被管理者双方的利益，既要保护村集体和村民作为所有者或成员对因集体土地用途改变而获得发展权收益的分配权益，还要保障国家的适当参与权。收益权强调因土地用途改变及发展权转让应该获得收益并公平分配。从土地增值的具体构成来看，一部分因土地使用者或经营者对土地连续追加投资后产生，属于人工增值，应本着"谁投资谁收益"的原则予以分配；另一部分则因社会经济发展、公共行为或政府行为造成，包括规划、基础设施改善、土地用途改变等外部因素，属于自然增值，该部分增值无法准确确定投资者，但绝大部分都可归因于国家，可本着"涨价归公"原则予以分配。

因此，集体经营性建设用地入市流转后其财产性收入可以认为是土地发展权的实现，根据政策意旨，大部分应通过基于产权的初次分配归农村集体所有，地方政府只能基于公平原则通过收取法定税收和城镇基础设施建设配套费参与第二次分配，并在集体内部进一步根据成员权等量化分配。

宅基地虽被禁止流转交易，但当前推行的"城乡建设用地增减挂钩"政策可认为是政府主宰的宅基地流转模式，整个过程可概括为"农民退出宅基地—

地方政府统一整理、置换—节约出来的宅基地整理复垦为耕地—抵换相应城市建设用地指标"，体现了地方政府为获得宅基地退出复垦后节约出来的建设占用耕地指标而推进宅基地退出的目的，从根本上看属于宅基地在空间上的重新配置及交易关系，也是土地发展权的实现。在实践中，该政策通过土地出让实现了宅基地的增值，但农民仅得到一部分收益，更多的由政府在出让环节获得，并呈现溢价模式。这种分配方式明显与"土地发展权"的分配理念相悖，亟待改善。政府在未来准予宅基地有条件地自主退出后，可将其先收归集体，然后按照集体经营性建设用地的收益分配方式予以实施，但在收归集体环节的收益分配需要保护农民权益。

最后，政府要遵循提高管制效率的方向，适应集体建设用地指令性计划管理的市场取向改革趋势，探索从"转—征—供"三位一体的城乡建设用地供给管制框架到"城、乡平等供地"供给管制框架下土地发展权的变换表达形式及具体改进方案，保障集体建设用地直接入市后的收益合理分配，减少地方政府的直接介入，完善土地税收的二次分配作用。

二、建立城乡互动共享的土地收益分配机制

土地资源的有限造就土地用途和利用强度不同，产生的经济效益不同，土地自身的价值也不同。实践证明，在符合规划的前提下，建设用地价值高于农用地价值，经营性建设用地价值高于非经营性建设用地价值，具体经营用途的不同，也使得商业用地、住宅用地和工业用地的价值在其他条件不变情形下依次递减。这种因用途差异产生的价值量差，是土地收益分配的对象，也是各方主体争夺的关键。

土地的肥沃程度和位置造成了农业土地的级差生产力，对工商业来说，土

地位置对建筑用地的地租起决定性影响。但在现代社会，土地的政策属性——用途管制也对其价值高涨发挥着重要作用。我国农村土地转变用途中的级差增值收益，离不开第二、三产业发展中的土地需求，也离不开耕地保护政策与限制农地非农使用政策的管制。正是两者的共同作用，才使建设用地有了与原土地使用权人的劳动投入和资本投入关系不大的非原生性超额价值。土地经济学将增值分为所有者或使用者投入劳动、资本等要素形成的人工增值和基础设施改善、供求关系变化、政策转变以及用途转换等外部因素形成的自然增值，并存在基于土地私有制条件形成的"涨价归私论"，强调社会发展创造垄断的土地交换价值的"涨价归公论"和"公私兼顾论"三种收益分配观点。其中，"公私兼顾论"主张公平分配自然增值，即"在公平补偿失地者的前提下，将土地自然增值的剩余部分用于支援全国农村建设"，其已成为绝大多数学者认同的观点。但该观点理论上可行，在实践中却因难以对表现为一个市场价格的增值收益追根溯源地分解，再加上土地私人产权保护与政府管制间的矛盾，实际上其不断在"归公"与"归私"之间博弈平衡，需要进行协调。

（一）协调农民与政府的利益分配关系

当前我国土地非农使用的价值并非来自土地数量，而是来自工商业发展对土地的巨大需求和严格的建设用地供给限制。如何在兼顾效率与公平的同时对因用途变更和规划调整产生的土地增值收益进行分配，已成为社会经济发展中城乡土地管理及规划需要慎重考虑的难题。在城乡二元土地制度下，农村土地增值的真正享有者是政府，政府以低价征收、高价卖出方式获得土地出让收益的60%～70%，农民及村集体可获得30%～40%，其中农民只得到5%～10%，补偿收益明显较低。

有学者根据建设用地流转过程认为我国土地增值包括三个环节，一是供应环节，即农民退出农用地或宅基地并获得政府征地补偿的过程，土地增值等于实际支付的征地补偿与农用地或宅基地价格的差额，由村集体和农民个人获得；二是出让环节，即地方政府出让征收的集体土地，增值表现为市场出让成交价款与土地前期开发费用和实际支付的征地补偿的差额，由地方政府获得；三是房地产开发环节，即支付了土地出让金并获得土地使用权的开发商们建设房地产并出卖，该环节的土地增值等于房地产销售价款与土地购买价款、建筑安装成本及相关税费和社会平均利润的差额由开发商和政府获得，但目前因国家尚未普遍开征房地产税等相关税收，其主要由开发商获得。

随着农村集体建设用地直接入市和"去土地财政"的推行，上述三个环节会继续存在，但主体、方式会发生改变。笔者主张每个环节的增值收益总体上本着"谁投资谁收益"的方式确定归属，对无法确定投资者的"涨价归公"。但"归公"不等于归政府。首先，这是由我国国家所有和集体所有的土地性质决定的，即使政府授予农户较全面的土地使用权，但尊重土地所有权始终是应有之意。其次，政府只是民众的代言人，"涨价归公"根本目的是公众层面的利益分享。再次，土地增值与地区内经济发展、社会进步、人口增多、财富增加等因素密不可分，是区域内所有民众贡献的结果，居民共享理所当然。最后，因土地用途变更和城乡规划调整而产生的土地增值收益，根本上产生于政府或公共行为引致的社会发展的正外部性，根据"谁受益谁付费"原则，应该由政府、其他公众支付部分对价。

因此，纵向分配关系既要考虑贡献，又要考虑公平，既要尊重市场，又要遵守调控，可采用"初次分配按贡献＋再次分配靠征税"的方式取代"低征高卖＋国家垄断土地一级市场"的方式，实现土地增值收益在农民和政府间的合理配置。

一方面，各级政府作为管辖区民众的代理人，可以继续获得一定比例的土地增值收益，这具有合理性。但获取的这部分收益不能再以直接介入流转、直接交易、直接分享土地出让金的"三直接"方式获得，应该遵循"去土地财政"的根本旨向，以服务者、仲裁者外第三方身份的交易、以税收形式获得。政府还应该真正代表社会公众利益，将以税收形式取得的这部分土地增值收益继续用于公共利益支出，实现良性循环。

另一方面，政府应该保护集体土地所有者和使用者的利益，使农民及村集体享有充分的表决权、谈判权、分配权，提高土地增值收益的分享。这种提高是在现有"以原用途"估算并给予的单一实物价值补偿基础上，增加对隐形价值损失或无法准确估算的价值的补偿，尤其是对未来"被征地农民原有生活水平不降低"目标的实现，具体要求在引入"土地发展权"制度理念的基础上，将"谁投资归谁"和"涨价归公"的思路结合使用确定集体土地的增值分配。政府应积极推进集体土地直接入市，通过与国有土地同等竞争实现市场定价，提高集体土地价值，并将这部分价值分类，优先确定人工增值和原土地所有者或使用者的"土地发展权"价值，按照市场估价分配；其余由基础设施环境和公共服务环境改善引起的外部辐射性土地增值，由社会经济发展引起的普遍性土地增值，由市场调节引起的供求性土地增值，以及由土地用途转换或利用效率提高引起的效益性土地增值，实际上无法准确区分投资成本，理论上分别归地方政府和民众所有，在实践中只能以税收方式收取，由地方政府和国家进行内部财政配置。目前中央对集体建设用地入市试点规定征收 20% ~ 50% 的增值收益调节金，该方法既是对该环节房地产税收空缺的弥补，也是对地方政府财政空缺的弥补，未来房地产税收配套制度改革到位后，这一基金应逐步降低，直至取消。地方政府采用征收、储备方式将集体土地转为国有土地后再出让的，可认为国家将土地发展权收归国有，但需要以征收时点为界限，以同期市场价格为参考，向农民集体或农民支付补偿金，并使后期增值收益通过财政支出专项配置方式再次支持农村发展。

（二）协调城市与农村之间的分配

我国城乡土地二元制度存在阻碍土地要素流动和自由配置、加大城乡差距、用地集约度偏低、土地资源浪费严重等弊端，但不可否认的是其为城镇化发展提供了诸多便利，包括提供了大量的廉价土地，大量无须政府提供社保、医疗、子女教育、养老等基本公共服务的廉价劳动力，更重要的是其积累、提供了大量资金。地方政府得到的高额土地出让净利润为城镇化建设提供了丰裕的资金。

由此可见，以"低征高卖"为流转模式的城乡二元土地制度事实上将更多的土地增值收益分配给了城镇。随着城乡一体化的推进，政府亟须改变这种"重城市轻农村"的逆向收入再分配格局，需要权衡考虑公平及效率，在短期内需要提高征地补偿金额，增加失地农民的社会保障，通过支出定向提供更多的资金用于农村生态环境的改善、基础设施的完善、社会保障的增加等，加快新农村建设的推进，从整体上提高农村生活质量、降低生活成本，并积极促进农村与社会的接轨，扩大"农村电商"的发展，使农民从过去城市基础设施和公共产品的成本负担者变为农村基础设施和公共产品的福利享用者，实现社会和谐发展。从长期角度看，政府需要加快农村集体土地流转制度的改革，以点到面，使之从经营性建设用地逐步扩大到宅基地，提高财产化、资产化水平，并通过房地产税收改革改变地方政府过于依赖的"土地经营"制度，再配套转移支付制度的完善，从整个房地产制度及其配套财税体制的改革来协调土地增值收益在城市与农村之间的再分配。

（三）协调城郊农村与偏远农村之间的分配

无论政府采取什么样的土地制度，也不管是以集体建设用地入市还是以"小产权房"合法化的方式来让农民分享经济发展好处，事实上只是因土地恰好处在城郊或沿海发达地区而惠及少数农民群体，其人口数量应该不超过1000万。但这个好处的数额可能极其巨大，甚至可能巨大到户均数百万元，从而形成一个新的土地食利阶层和一个条件最好、收入最高的农民强势群体。尤其是城中村的农民，依赖土地一夜暴富的比比皆是。除了这些个例，绝大多数农民仍被排斥在土地增值收益的分享者以外。因此，土地增值收益分配在注重城、乡之间比例时，还应该注重农村内部，即城郊与偏远区域之间的分配。

一方面，政府对于农民利益诉求，要在制度上辩证对待，不能"一刀切"。在现实中，城郊和沿海发达地区农村在强调土地被征收时的权益保护和增值收益的分配公平时，偏远农村可能只是期待农业生产条件的改善，降低体力劳动强度，实现农业生产的低投入高产出。在城市完全落户的"非农户"在彻底抛荒、对待土地可有可无的同时，"半进城户"可能完全转让了土地却无法在城市安家落户。因此，城郊农村与偏远农村之间的利益分配首先要求国家政策兼顾，推动土地制度改革，既要考虑到郊区和沿海发达地区的土地流转需求，又要关注偏远农业区的改善生产、生活条件需求，不能以少代多、以偏概全。

另一方面，不同地区、地段农村内部的收益协调，仅靠市场力量根本不可行，必须凭借政府强制力予以调节。这种强制分配除了充分发挥税收的再分配职能外，还包括政府的转移支付和各类型专项扶助，如目前推行的"精准扶贫""对口帮扶"等。此外，在房地产制度改革中，有必要继续有限制地推行政府主导的政策性建设用地流转制度，通过"占补平衡"方式使偏远地区农村享受到集体土地带来的好处，并在政府扶助下改善居住条件、改进生产条件。

三、合理配置房地产增值收益的地方政府层级比例

中央政府除了推行目前的对地方政府土地出让收益严格限制支出方向和规模的办法外，还需进一步对各级地方政府的财权、事权予以划分。

首先，中央政府仅拥有对土地增值收益权顶层规划和对地方政府开支宏观指导的权力，没有参与具体分享，这就使土地增值收益只涉及省、市（县）、乡三级政府层级。房产的增值收益在转让环节需要缴纳土地增值税、营业税、契税、印花税、所得税等，并且除居民居住用房外的其他房产还需在保有环节缴纳房产税、城镇土地使用税，但在房地产税种中只有印花税属于中央税，所得税属于中央、地方共享税，其他都属于地方税，这意味着中央对房产的增值收益也较少分享。

其次，省、市（县）、乡三级地方政府的房地产增值收益分配比例需要得到大致确定。分税制改革的实施一直难以摆脱"分钱制"的质疑，除了中央与地方财权、事权的不对称外，省级以下的分税制几近无解，政府财力分配也格外困难。笔者认为，房地产增值收益分配应本着"属地登记主义"的原则，兼顾省级政府的全局把握与乡级政府的基层服务，做好省、市（县）、乡三级政府的分配。一是省级政府主要负责辖区内行政、安全、发展、社会等事务的中观管理和调控，应重点做好辖区内土地流转的监管审批，弱化对土地增值收益的分配与享有权。二是市（县）级政府作为我国行政基本单位和财政体系基础，因主要负责辖区内经济、行政、社会和公用事业发展等具体事宜，并对房地产外在增值发挥着重要作用，可将保有税完全按照"属地登记主义"原则确定归属、划归地方，尤其是在"不动产登记条例"实施后，以此为标准确定征税主体更加容易。三是房地产流转税可在登记管辖的基础上，适度在省、市（县）

级地方政府之间分成。这是由于房地产的增值主要是由第二、三产业的发展和社会进步引起的，产业发展和社会进步是各级政府从上到下共同努力的结果，非基层政府仅凭一己之力可以实现。具体分成可根据实际事权多少增加各级政府的税收收入权和支配比例。

最后，我国县乡之间的财政体制关系较为复杂，体制形式多样，多数地方长期延续诸如分级包干或总额包干的财政包干制，而农村税费改革在带给农民实惠的同时，明显影响到乡级财政收入和支出范围，收支矛盾进一步显现。这种财政体制稳定性差，保障能力弱，极大地影响了乡镇经济的持续发展和县域经济的协调发展。有学者提出，县乡财政体制模式的改革完善可采用统收统支加激励模式和相对规范的分税制模式，其可因地制宜地根据县乡财政收支特色被分别采用，做到易统则统、宜分则分，以提高乡镇基本支出的保障能力。

农业依赖型的乡镇地区和偏远农村地区，因房地产市场落后、税源单薄，被赋予财权也无法组织到财力，应该更多地强调以转移支付方式实现财力与事权的对称。非农业依赖型的近郊农村，因房地产市场活跃、税源充足，应强调财权赋予，进而自行组织相应的财力，实现财权与事权的对称。介于两者之间的中间类型地区，可充分利用其房地产发展潜力，逐步从事权与财力的对称过渡到财权与事权的对称，即适用统收统支加激励模式时，乡镇仅作为县级财政的预算单位协助税的征收即可，不享有直接税收权，具体由税务部门和财政部门负责按属地原则征税并集中上缴县金库，根据权责执行情况从县级政府获得资金分配或转移支付。在分税制模式，市（县）、乡应根据事权与职能的不同划分税收的不同归属，政府的房地产增值收益分配方式中可以加入乡镇一级，按"属地原则"或与城镇发展、社会服务的密切度区分比例分配。

四、处理好土地的自然生态空间用途管制

国土资源部印发了《自然生态空间用途管制办法（试行）》，明确提出建立覆盖全部国土空间的用途管制制度，并在福建、上海、浙江、甘肃等省进行试点。随着自然资源部的组建，自然生态空间用途管制在我国土地利用中的作用将日益明显。而世界范围内的主要做法是通过土地用途区分，并辅之开发许可、发展权转移等手段，控制土地用途改变，维护公共利益。经过修订的《中华人民共和国土地管理法》确立了土地用途管制制度，多年来遏制了建设用地过快扩张、耕地大量减少的势头，但其覆盖范围小，对建设用地和耕地以外的其他类型国土空间未规制；对生态功能保障基线、环境质量安全底线、自然资源利用上线"三线划定"缺乏协调；对永久基本农田、城乡开发边界、生态保护"三条红线"落实不够。

自然生态空间强调以提供生产产品为主导，通过土地规划、授以用途落地的国土空间的复合利用区。其管制则以规划为基础，旨在优化以土地利用为基础的点、线、面、体、能五个层面的结构，从而实现居民点、建设用地、农业活动空间、休闲空间等的土地利用与环境保护双重并举。与其对应的规划管理也需要分线、分类、分级、分区、分深度的立体、多层次、系统化的管理。

以生态保护为核心的地区，因为要进行开发限制，在城镇化进程中，其农业空间、城镇空间、生态空间之间的转用需严格控制，因此通过整治将城镇空间转化为生产或农业空间的行为应得到鼓励，与之反向的则应禁止。这一举措与目前地方政府积极追求的"土地财政"相悖，其财政缺口的弥补也成为推行生态保护、加强政府治理的关键。除建立以房地产税制为主体的地方税体系外，这类地区还应构建稳定的转移支付机制，这样才能从根本上保障自然生态空间

保护目标的实现。中央一是需要继续加大地方政府的财政资金灵活支配权，增加财力性转移支付资金量；二是需要适度减少专项转移支付，并降低地方政府的配套资金比例；三是需要注重转移支付向"土地财政"影响大、生态保护重点地区的倾斜与落实，鼓励产业转型，提高支付透明度，防止上级政府的不当截留。此外，中央还需继续推进"省直管县"和"乡财县管"的财政体制改革，解决基层财政的运转困难。

第四节　遗产税和赠予税

房地产制度的税收调控，除了对现行与房地产相关的税种进行改革调整外，还可以适时开设一些具有房地产调控功能的新税种，以对外部因素引起的房地产增值，尤其是对在快速城镇化进程中催生的"暴富者"以及"一夜暴富"的随机性和偶然性的不利影响进行调节。我国主要考虑开征遗产税和赠予税。

一、遗产税

遗产税以遗产继承人、受遗赠人为纳税人。我国曾在分税制改革时将其规划为未来开征税种之一，并写入"九五"规划，提出"逐步开征遗产税和赠予税"，因争论较大，一直没有进展，直到国务院在《关于深化收入分配制度改革的若干意见》中再次提到"研究在适当时期开征遗产税问题"。

（一）遗产税开征与否的双向观点

对于遗产税开征与否，我国学者从不同角度进行了分析，从总体上形成截然相反的两派观点。

我国在财富收入、配套法律、征管方式、社会思想等方面都已经具备了开征遗产税的条件，其有必要开征。如高风勤、许可都认为我国在针对财产开征的个人所得税、车船税、房产税、契税等方面已积累了丰厚的征管经验，加上税务征管系统的逐步完善、财产信息透明度的逐步提高，以及遗产税的"富人税"效应和继承法、物权法的完善，遗产税具有了相应的征管效应。单顺安、刘荣、刘植才认为遗产税有抑制贫富差距、完善税收调节功能、推动慈善事业发展、维护我国税收权益、增加税收收入等作用，不会对经济发展产生负面效应。陈少英认为市场经济体制的日渐完善为遗产税开征提供了税源，为民主法治的完善提供了政治保障，为思想文化奠定了基础。

反对者则认为无论是从征管水平，还是从法律制度，抑或从经济发展方面看，我国开征遗产税的条件都不成熟。如孙成军认为我国在当前国情下开征遗产税难以有效解决社会分配不公问题，并会对宏观经济增长、中小企业发展、社会财富积累等方面产生消极影响，而法律制度的缺陷、个人财产监管制度的缺失和税收征管水平的限制更是抑制了遗产税的开征。谢百三、刘芬都认为我国经济实力的相对较弱和增速不稳使得我国缺乏开征遗产税的经济基础，股票、房价的高波动使遗产估值难，个人财产申报制度的不完善使财产统计难。

上述学者的观点从政治、经济、社会等角度出发，涉及不动产、企业资产、股票等多种标的，均有一定道理。本书仅从房地产角度予以论述。

（二）遗产税与房地产税的关系

房地产税此处指狭义意义上、针对居住用的房屋或土地在保有环节征收的税。遗产税与房地产税具有一定的共性，两者均属于直接税，无法转嫁；均属于财产税，以不动产为主。遗产税还包括股票、车船、文物等一切可以估算、并具有经济价值的动产和无形资产，范围更广。其征收旨在调节社会财富再分配、公平收入分配。

房地产税与遗产税之间存在区别，主要体现在征收环节上。房地产税旨在对当代人的保有社会财富进行调配，实现当代公平；遗产税是对代与代之间社会财富的转移进行调配，旨在减少代际遗传的不公平。

（三）我国对房地产开征遗产税的可行性

从税源角度看，近些年来我国房地产市场的迅猛发展引起了不动产价值的激增，也使社会贫富差距日益加大。一边是房价偏高，远远超出很多一般收入家庭的支付能力，使得普通消费者越来越多地成为"房奴"，住房类负债成为家庭负债的主要缘由；另一边是房产分配不均，"房叔""房婶"现象严重，这一小部分人因位高、权重、多钱，强势垄断社会资源并形成"利己"分配体系，造成房地产资源分配的严重不公。而总财产价值越高的家庭，房产价值占比越高。

从政府征收角度看，随着《不动产登记条例》的实施，不动产财产登记制度日益健全，加之有关信息的全国联网，政府对居民拥有的不动产数量及其权属变动的监控将更加容易，能较好实现税源的监控。

从影响面来看，地产问题是人类社会不公平的集中表现，解决好住房问题是实现基于社会安全的公平目标的前提。而国家对房地产的代际传承征收遗产税，能够有效缩小社会贫富差距，保障横向公平、机会公平与起点公平，提高市场的资源配置效应，并积极发挥财产税和所得税的社会收入调节功能。因此，遗产税征收的功能主要是调节社会贫富差距，并非组织财政收入，也不是反腐败或其他。在实际中，遗产税征税范围狭窄，通常只针对极其例外的富人，甚至只对巨富征收，不会课及中产阶级，更不会涉及普通百姓。因此，国家开征遗产税对绝大多数普通民众并没有税负影响。

（四）我国开征房地产遗产税时的注意事项

国家在开征不动产遗产税时，一是需要解决好征收模式问题，在先税后分的总遗产税模式、先分后税的分遗产税模式和先税后分、分后再税的总分遗产税模式中，可选择适合我国国情的先税后分模式。这既可减轻税收征纳压力，尽可能缩小影响面，还可以减轻当代继承人的税负，减少抵触心理。二是需要解决好不动产的估价问题，此问题与房地产税基的确定息息相关，两者的衡量基数完全一致。要求准确掌握房地产"量"的数据信息，还要有市场化的、合理的"价"评体系，以及完善的监控体系。三是解决好税率的问题。通常，累进比例税率更能体现对税负的边际调节效应，实现课税的纵向公平，其需配合较高的免税额，遵循血缘亲疏灵活制定。四是要解决好免税额的问题，既要考虑到遗产税的整体影响效应，使其始终只对极其例外的高收入人群进行调整，还要考虑民生、民情，以保护创造财富的积极性，兼顾社会公平和社会责任。

二、赠予税

为防止以财产赠予方式躲避遗产税，国外通常在征收遗产税的同时征收赠予税，并且采用不单独设立赠予税、分设两税并行征收、两税交叉合并课征三种方式。基于我国税收征管现状，建议采用并行征收方式，即两者作为所得税和资本利得税的辅助税种，除征收行为不同（前者直接针对继承行为，后者针对赠予行为）以外，其他的都同等适用，以对不劳而获形成的过度财富集中起到积极限制作用。

第八章　中国房地产的未来

第一节　房地产低碳与低碳管理

一、低碳经济与房地产低碳

人类活动消耗大量的化石能源，排放大量的温室气体，难免会产生气温升高的问题。地球温度逐年升高的主要原因在于温室效应和臭氧空洞，而温室效应主要由 CO_2 引起，因为它的生命周期最长。

近年来，气温变暖导致世界各地频发自然灾害性天气事件，对自然环境和生态系统造成不可逆的影响。一些发达国家提出所谓的"2℃目标"，也就是说，相对于工业化前的气温水平来说，人类社会可以容忍的最高升温幅度是每年2℃，如果升温幅度超过2℃则会出现灾难。联合国环境规划署把每年的6月5日确定为"世界环境日"，主题是"转变传统观念，推行低碳经济"，全球低碳经济成为大势所趋。

二、低碳与房地产业

在全球低碳污染物中，50%的氯氟烃（CFCs）和50%的二氧化碳（CO_2）是在建筑物中产生的。而建筑中二氧化碳的排放，主要是通过使用和消耗化石能源表现的。另外，氯氟烃是氟利昂家族中的一支，大约全球50%的氯氟烃是在建筑的使用中产生的，主要是指冰箱系统、空调系统、保温隔热和消防系统四大系统。

问题的另一方面在于，既然 50% 的氯氟烃和 50% 的二氧化碳由建筑业使用能源产生，那么必然可以通过设计和使用建筑来控制。如果人们在建造建筑时，能够集约与节约使用能源，那么温室效应带来的气温升高问题就可以得到部分控制。而且，《京都议定书》把二氧化碳排放权作为一种特殊商品，从而形成二氧化碳排放权的交易，简称碳交易。

三、低碳型房地产业的内涵

低碳型房地产业是指改变以往的高能耗、高排放模式，建立新的具有较高的科学技术含量、较大的创新能力与完善的制度体系的发展模式，在房地产投资开发过程中充分利用健康实用、建筑节能、科学环保以及可持续发展等理念，以降低化石能源的消耗、减少碳排放总量的房地产业。低碳型房地产业要求实现低碳经济、房地产建筑、生态环境的多方共赢。

低碳房地产或者绿色房地产是贯穿于土地规划及房地产设计、施工、监理、消费全过程的理念，房地产开发企业要更加重视项目品质，主动应用绿色低碳技术。住宅建筑的碳排放涉及低碳住宅技术体系，包括低碳设计、低碳用能、低碳构造、低碳运营、低碳排放、低碳营造、低碳用材等方面。房地产开发过程应从建筑规划设计、建筑材料选用、结构设计和装修材料准备等诸多环节树立低碳观念，提倡低碳模式，最终实现人与自然的和谐发展。

四、低碳型房地产业发展的必要性

首先，由于煤炭和石油的大量消耗，中国的环境和资源承受着前所未有的压力。专家表示，中国近百年的年平均气温升高了 1.1℃，高于全球平均升温

0.74℃的水平。中国极端气候事件发生频率和强度的变化比较明显，未来极端气候事件还可能增多，比如夏季炎热时间拉长、极端高温地区增加等。因此，中国需要发展低碳经济已经成为共识。其次，发展低碳型房地产业是房地产自身摆脱发展局限的客观要求。再次，发展低碳型房地产业是我国经济从高能耗向低能耗、从忽视生态因素向重视生态因素、从不可持续向可持续发展转型的客观要求。房地产业处于我国国民经济产业链的中端，与钢铁、电力、化工、轻工、石化、建材、有色金属等20余个上下游产业领域直接相关。房地产领域采取低碳战略，必将在拉动上游产业的同时带动下游的消费，如果大量采用低碳技术、绿色建材产品和可再生能源，还会直接或间接带动相关行业的发展，为我国经济发展方式转型和产业结构调整提供十分重要的途径。

此外，未来我国可持续的城镇化发展还有一个相当长的历史过程。因此，房地产业已经成为节能减排潜力最大的行业。房地产低碳关系整个国民经济的低碳发展，而房地产业要减少 CO_2 的排放，就必须走绿色低碳型的发展之路。

房地产业的碳排放问题涉及两个过程：一是住宅的生产过程，即开发商所主导的碳排放过程；二是住宅的消费过程，即消费者所主导的碳排放过程。而开发商所主导的碳排放过程是实现建筑低碳的主要途径。

五、房地产低碳发展管理

（一）建立健全低碳建筑优惠制度，充分调动各方积极性

从国外低碳地产发展的经验来看，在低碳发展的起步阶段，政府的扶持和激励政策是引导房地产低碳之路的重要手段。政府要制定和推行有利于低碳房地产发展的政策，尽快出台涉及低碳建筑各个环节的优惠政策和法律制度，充分调动房地产开发企业、建筑公司、能源服务公司、设计事务所、建材供应商、

物业公司、居民业主等各方面发展低碳住宅和低碳写字楼的积极性，并从法律方面保护各参与主体的正当利益，鼓励其发展节地、节能、低碳、环保、经济、舒适的低碳建筑。

具体的激励措施可以包括快速审批、特别规划许可、材料折扣、现金奖励、政策贴息、风险补偿、税收优惠甚至在一定期限内免税、设立低碳技术研发专项基金等方面，把事后奖励的方式改为事前激励。只有房地产开发商等低碳建筑的市场主体在生产和销售低碳建筑材料和产品时获得了切实收益，低碳建筑市场才能够得到比较好的发展，低碳建筑才能够从示范阶段步入规模操作阶段。房地产行业更要以低碳建筑为目标，通过技术创新实现新的跨越，使房地产业更加符合低碳经济的发展要求，实现人与自然的和谐相处，从而使整个社会实现可持续的发展。

（二）设置专门的低碳建筑顶层管理部门，完善低碳评估体系

国家应建立一个专门负责低碳项目规范制定、低碳项目审批、低碳项目建设、低碳项目验收与低碳项目评估工作的具体部门，明确规定低碳建筑应达到的节能率、节地率、节水率、节材率及温室气体的排放率、建筑材料的环保标准等有关节能减排的技术标准，对节能减排的企业给予补偿，对超标排放的企业予以征税或者处罚；在操作实施方面，应结合当地的经济、人文、气候、资源以及区域生态特征等因素，充分发挥各个地方的积极性和主动性，由地方政府管理部门因地制宜地制定针对性强、可行性高的低碳建筑评价标准和实施细则，再由顶层管理部门对其进行论证和评估，然后付诸实践。

（三）从公共建筑项目入手启动低碳建筑市场

低碳建筑从产品设计、技术开发、生产建造到房产销售等各个环节，都应

坚持市场需求的价值导向。低碳建筑建设初期，可通过国家机关的办公建筑、大型公共建筑等建设项目，强制建设低碳型绿色建筑标准，以启动低碳建筑市场的需求力量，强化全社会节能减排的低碳意识。对新建的大型公共建筑，要对设计方案建立公开透明的专家评审制度和社会公示制度，严格执行工程建设的强制性节能标准，把能耗标准作为项目审批和项目开工建设的强制性门槛。项目建成后，应对建筑能效做专项测评，凡达不到工程建设强制性节能标准的，一律不允许进入市场销售。

（四）大力发展低碳公司，促进低碳技术创新又分散低碳风险

低碳建筑的推广，最终需要用市场化手段取代原有的行政命令，以此来调动金融机构与专业服务公司共同推广节能减排技术的积极性。而市场化手段的有效方式之一，就是大力发展低碳公司。第一，低碳公司凭借自己的低碳技术参与房地产项目建设，并做好项目建成后的后期维护工作，从而为开发商分担开发成本和责任风险。第二，低碳公司通过前期的资金投入进行技术创新，以产学研相结合的方式促进太阳能、风能、生物质能等低碳技术产业的发展和完善。第三，低碳公司通过低碳技术的产业化运作，降低低碳材料和低碳产品的市场价格，从而为低碳房地产的发展赢得居民基础并提高市场份额。第四，低碳公司的收益与低碳地产销售和低碳地产的节能减排量直接挂钩，低碳公司分享低碳地产的部分利润和地产项目的部分节能收益，既可以收回低碳技术成本，又可以获取合法利润。总之，低碳公司通过提供专业化的服务，能够更好地改善低碳建筑设计与低碳技术的专业化应用工作，从而实现低碳建筑的精细化开发。

（五）完善低碳人才制度，提高低碳建筑的专业化设计能力

我国目前的低碳人才奇缺，太湖低碳社区、无锡低碳社区等的低碳建筑建设工作，主要是通过引进瑞典、英国等国外设计人才的方式进行的。因此，我国需要大力培养低碳建筑的设计人才，尤其是造就低碳建筑的设计大师，为低碳建筑设计能力的提高提供人才支持。同时，在低碳建筑方案推行的前期，采暖、制冷、采光、节能、通风、照明等专业化建设主体要提前参与。此外，我国低碳建筑的评估标准也要有利于提高低碳建筑的设计能力，不仅要强调低碳技术与低碳产品的应用，而且要充分考虑低碳设计环节对技术部件的整合效应，以最终实现节能减排的低碳建筑目标。总之，无论是加强低碳建筑的体制环境建设工作，还是加强低碳建筑的人才队伍建设工作，都要有益于低碳建筑专业化设计能力的发展。

第二节　房地产经济的宏观调控与可持续发展

一、房地产经济的宏观调控

（一）房地产经济宏观调控体系的内涵

新古典主义理论认为，只要满足完全竞争条件和理性人假设，自由竞争的市场就能自动地趋于和谐与稳定，但在实际经济生活中很多假设无法得到满足，市场某种程度的（如寡头）和完全的垄断可能使得资源的配置缺乏效率，因而出现"市场失灵"。

1. 宏观调控的含义

宏观调控是指国家运用经济政策对经济总量（总供给、总需求、总价格、

总就业等）进行调节，以促进总供给与总需求的基本均衡，实现经济的平稳增长。宏观经济调控的核心是处理好经济总量平衡与经济发展的关系，其中经济总量平衡是经济发展的基础，假若经济运行出现严重失衡，不仅会带来生产力和社会财富的损失，严重时将导致经济发展的中断甚至倒退，因此可以说经济总量平衡是国民经济持续、快速、健康发展的基本保证。

2. 房地产宏观调控的含义

房地产市场尽管具有一般商品市场的属性，但经济适用房、廉租房、公共租赁房等房地产产品均具有公共物品的属性，难以完全通过市场进行资源的有效配置，因而房地产市场也存在"市场失灵"，需要政府在必要时对其进行一定程度的干预和调控。

房地产宏观调控是指政府根据房地产业发展现状和预警监督指标的变化规律，通过经济、法律、行政、计划手段对房地产业的发展进行调节和控制，以达到房地产业预期发展目标。

房地产经济是国民经济的重要组成部分，在国民经济发展中发挥重要作用。房地产宏观调控是国家宏观经济调控的重要组成部分，调节房地产市场的总量平衡，优化市场供给、需求结构，控制房地产投资规模，规范房地产市场秩序，最终带来房地产行业的持续健康发展。

（二）房地产经济宏观调控必要性分析

我们研究房地产经济的运行，不仅要考察房地产经济的内在规律，同时也要注意房地产经济与宏观经济的协调发展。国家有必要对房地产市场进行宏观调控。事实上，对房地产经济的宏观调控是自始至终必须进行的，只不过宏观调控的方向、力度和重点在不同时期有所区别。

1. 宏观调控是房地产资源优化配置的需要

房地产经济是整个国民经济的重要组成部分，是市场经济中的一个子系统，市场虽然能在资源配置中有效地发挥作用，但存在着自发性、滞后性、盲目性和分化性等缺陷，容易造成大起大落的不稳定状态，也可能带来资源的浪费。因此政府干预是必要的，政府在房地产市场供求平衡过程中担当重要角色，发挥政府的货币政策、财政政策、产业政策和计划机制的协调作用，真正使房地产资源配置达到高效率。

2. 宏观调控是引导房地产业健康发展的必需

房地产的基础产业性质和支柱产业地位决定了政府对房地产业的宏观调控较之其他产业的宏观调控更为必要。供求矛盾是房地产经济的根本矛盾，目前的房地产市场发育程度决定了房地产的供求矛盾受到许多非市场因素的制约，政府作为体制改革的推进者和市场的培育者，需大力造就使市场机制得以发挥的环境，并通过多种手段调控供求总量与结构，以达到市场发育和供求平衡的双重目标。政府只有针对房地产经济的特点采取相应的对策和措施，才能引导房地产业健康发展。

房地产业是先导性、基础性产业，又是国民经济中的支柱产业。房地产业的产业链长，同国民经济中的其他产业关联度强。房地产业的发展状况，直接影响相关产业的发展，直接影响社会总供给与总需求的平衡及其结构的平衡，对整个国民经济的发展至关重要。因此，对房地产经济的宏观调控，就成为政府对整个国民经济实施宏观调控的重要环节。

（三）房地产经济宏观调控的内容和目标

房地产市场调控的内容和目标是多方面的，其中主要包括：房地产与国民经济协调发展的问题；房地产市场总供给与总需求的平衡问题；房地产供给与需求结构平衡的问题；房地产价格调控的问题；房地产收益分配的调控问题；等等。

1. 房地产经济调控与国民经济协调发展的关系

房地产经济是国民经济重要的组成部分，在国民经济发展中处于十分重要的地位。房地产经济与国民经济发展的关系，一般是以房地产经济发展的规模、速度和水平来衡量的，通常是用房地产增加值、房地产增加值增长率、房地产增加值占 GDP 的比重三个指标来表示的。所以，如果国家对房地产经济调控得当，就能够满足社会经济发展对生产和经营性用房以及居民住房的需求，提高居民居住水平和促进国民经济发展。同时，由于房地产业又是投资风险性大、市场供给弹性很弱的产业，所以被一些专家称为"泡沫经济多发产业"。如果房地产经济在较长的时间内发展失控，就可能产生泡沫经济，对国民经济造成重大危害和损失。

2. 调控房地产总供给和总需求的关系

在市场经济条件下，房地产生产是为了满足房地产市场的需要。这就要求房地产总供给和总需求必须相符合、相一致或相平衡。房地产总供给主要决定于房地产投资规模和投资速度，房地产总需求则主要决定于国民经济发展的规模和速度，以及居民收入水平和收入水平提高的速度等情况。

反映或衡量房地产投资规模和速度的指标主要是房地产投资总量、房地产投资增长率、房地产在建工程总量、房地产竣工工程总量、房地产销售总量以及房地产销售总量占竣工总量的比重等。

3. 调控房地产供给与需求结构

房地产经济发展不仅要求总供给和总需求的平衡，还要求房地产供给与需求结构的平衡。房地产经济结构平衡主要包括两个方面的问题：一方面是房地产经济内部各类房屋供求平衡的问题；另一方面是房地产经济发展地区平衡问题。

房地产经济是一个巨大的产业体系，房地产的产品种类很多，大体上可以分为经营性房地产、办公类房地产、住宅类房地产。这三类房地产的供给结构必须与需求结构相适应，否则就会引起发展的不平衡。

房地产市场具有地方性，地区之间发展不平衡在一定条件下是正常的，无可非议的。但就一个国家来说，各个地区之间发展的差距不能太大，否则会引起不良的后果。就我国目前情况来说，主要是东南部沿海地区房地产市场发展速度太快，中西部地区发展得太慢。

20世纪90年代以来，特别是进入21世纪，国家对国民经济进行的宏观调控，不仅控制了房地产投资规模，而且对房地产投资的结构也进行了调控，控制了高档别墅和楼堂馆所的建设规模，扩大了城市居民住宅的建设；同时，西部大开发、中部崛起、东北老工业基地改造等方针的实施，促进了相关地区房地产业的发展。所以，房地产经济调控的一个重要任务就是调控房地产发展的结构，使各类房屋的发展与社会对它的需求相适应，使地区之间的房地产发展差距保持在一个合理的区域内。

4. 调控房地产价格

房地产价格是房地产市场调控的重要内容，也是房地产市场运行的核心问题。在市场经济条件下，房地产企业是按照房地产市场价格调节企业生产的。房地产价格的高低，直接影响着企业利润的大小，从而作用于资源的配置。所以，采取有效的手段，按照价值规律和房地产市场运行状况，有效地调节市场价格，通过价格调节房地产企业投资方向和房地产供求关系，不仅是房地产调控的重要内容，而且是使房地产市场运行规范化的重要手段。

当前我国房地产经济发展中一个重要问题，就是一些大城市的住房价格偏高。住房价格偏高，不仅影响了居民住房问题的解决，而且在高利润的情况下，大量社会资本被吸引到了房地产领域，引起了资源不恰当的配置。国家正在采取有效措施，把房地产价格调控到一个合理的区间。

5. 调控房地产收益分配关系

房地产收益分配涉及土地所有者、房地产开发建设者、房地产使用者等方面的利益关系。国家调控房地产收益分配关系，就是要通过建立合理的租税费体系，正确处理房地产经济运行中的租税费关系问题。我国目前房地产收益分配中的主要问题是国家土地收益流失严重、房地产价格偏高、税费设置不合理等。为此，政府必须通过加强对土地一级市场的垄断，建立土地有形市场和土地整理储备中心，规范土地市场的运行，取消不合理的收费项目，调整房地产税收，引进竞争机制，加强对房地产价格的调控和管理，力求调整和规范房地产收益分配关系。

二、房地产经济的可持续发展

（一）房地产经济可持续发展概述

1. 可持续发展思想的发展

可持续发展思想，是在当代社会经济发展的实践中逐步形成和发展起来的。在相当长的时间里，人们认为只有经济的增长是发展，人们一味追求经济的快速增长，特别是 20 世纪 50 年代以后，工业发展非常迅速，生产力水平大幅度提高，这种高速增长一方面创造了前所未有的经济奇迹，同时也对人类生存环境造成了巨大影响。水、空气、土壤以及生物中的污染物已达到危险的程度；自然界的生态平衡受到重大和不适当的扰乱；一些无法取代的资源受到破坏，陷于枯竭；人为的环境，特别是生活和工作环境里存在着有害于人类身体、精神和社会健康的严重缺陷。面对社会经济发展中的问题，特别是资源和环境问题，人们逐渐深刻地认识到，为了人类社会发展的长远利益，必须使人口、资源、环境、经济、社会得到协调发展。持续发展的思想就是在这种背景下逐步形成和发展起来的。

可持续发展思想的内涵可以归结为经济持续、生态持续和社会持续三个方面，即以自然资源的可持续利用和良好的生态环境为基础，以经济可持续发展为前提，以谋求社会的全面进步为目标，既要满足当代人的需要，也不能为满足当代人的需要而使后代人失去生存发展的机会。

2. 房地产经济可持续发展的内涵

根据可持续发展的基本思想，房地产经济可持续发展的基本含义是：房地产经济发展既要满足当代人对住房的需要以及其他社会经济活动对房地产的需要，又要满足子孙后代未来的需要，既符合局部人口的利益又不对其他人的需求利益造成损害和威胁。具体地说，房地产经济可持续发展的根本要求，主要有以下几点：

第一，充分考虑人口的因素，树立以人为本的思想；

第二，合理利用各种资源，对土地资源、空间资源、建材资源等进行可持续性开发利用，不能进行掠夺性开发；

第三，注意环境保护，必须使房地产经济发展和生态环境之间保持平衡；

第四，使房地产经济和国民经济其他产业之间、房地产业各类物业之间协调发展；

第五，建立健全房地产市场体系，保证资源的有效配置和高效使用；

第六，建立具有科学性、系统性和可持续性的房地产经济宏观调控体系，实现整个房地产业自身经济的良性循环。

房地产经济可持续发展的主要任务就是最终建立适合现代化城市协调发展的开发模式，实现房地产经济和人口、资源、环境的协调发展，力求取得生态效益、经济效益和社会效益的有机统一，使房地产业实现生态可持续、经济可持续和社会可持续。

（二）房地产经济可持续发展的原则

1. 发展性原则

事物总是处于不断发展的过程中，发展是硬道理，房地产经济只有不断地发展，才能满足社会经济的需求。

2. 持续性原则

持续性原则要求房地产经济发展的规模、速度与自然资源和生态环境的承载力相适应，减少房地产经济发展对自然环境和人为环境的影响，实现房地产经济长期、稳定和健康发展。

3. 生态性原则

房地产经济发展是以各种资源和环境为条件、为前提的，特别是以土地资源、水资源、空间资源和环境资源为条件。所以，房地产经济在创造人为环境时，必须与自然环境形成一种均衡稳定的关系，维持生态平衡。同时生态资源和环境也有其特有的价值，良好的生态环境不仅有利于房地产的可持续发展，也有利于提高房地产本身的价值。

4. 公平性原则

在生态环境可接受的条件下，在满足当代人的生存和发展需求的同时，房地产业发展绝对不能损害满足后代人需求的自然资源与环境条件，要保证后代人充分利用自然资源的权利。

5. 协调性原则

房地产业是具有高关联度的产业，因此必须保持环境保护、经济发展、社会进步与生态优化之间的协调发展，而不能以牺牲生态平衡为代价，片面追求经济利益的最大化。

（三）房地产经济可持续发展的内容

1. 加强资源与环境保护、利用和建设

可持续发展是关系中华民族生存和发展的长远大计。合理使用、节约和保护资源，提高资源利用率，依法保护和开发水、土地、矿产、森林、草原、海洋等国土资源，加强资源勘察，建立健全资源有偿使用制度，完善国家战略资源储备制度，严格执行基本农田保护制度，切实保护耕地，推进资源的深加工和综合利用，建设资源节约型、环境友好型的社会，是房地产经济可持续发展的主要内容。

2. 保持城市系统动态平衡

现代化城市是一个以人为主体、以空间环境利用为特点、以聚集经济效益为目的，集人口、社会、经济、科学、文化于一体的空间地域大系统。城市系统是一个自然、经济和社会的复合人工生态系统。这个系统具有以下一些特征。

第一，城市是一个以人为主体的生态系统。人们通过自己的经济活动，创造出适合于自身需要的特殊的经济、社会和人工生态环境，并且根据自己的意图不断地改变城市的面貌，既可以使城市系统维持动态平衡，也可以破坏城市系统的动态平衡。

第二，城市是一个开放式的系统。城市为了保证人的基本生存和生产发展的需要，必须从城市生态经济系统以外输入大量的生产资料和生活资料；从城市生态系统以内输出废弃物，采取各种环保措施对其中的有机体加以分解，或

将其排放到城市生态经济系统之外。

第三，城市是一个不完全的系统。城市缺乏第一生产者，即绿色植物，所以是一个不完全的生态系统，由此决定了城市对周围其他生态系统具有很大的依赖性。

第四，城市是一个具有人工环境的生态系统。随着城市经济不断发展，城市规模日益扩大，越来越多的水泥建筑物代替了农作物、青草、树木及其他绿色植物，工厂烟尘和汽车废气代替了新鲜空气，工业废水使洁净的水体受到污染，自然生态系统逐渐被人工环境所替代。其中经济系统具有巨大的能动性，既可以从正面保护城市生态，提高环境质量，增强城市生态系统自然再生能力和保持生态经济平衡，也可以从负面破坏城市生态平衡，干扰城市生态系统的正常运行，最终制约城市经济的可持续发展。为了保护和维持城市自然生态系统，我们必须搞好园林绿化，增强城市的自净能力。因为，绿化具有净化空气、水体和土壤，降低噪声，改善城市小气候以及安全防护、美化城市等功能。树林、绿地能吸收二氧化碳，放出清新氧气；可以减低风速，收集灰尘，涵养水分，调节气候，起到抗风防灾作用。所以，在房地产开发中，政府要十分重视发展城市的绿化，积极营造环城林带以及在城市周围营造大片森林，积极发展具有一定高度的林树覆盖的绿化地带，科学地选择各种树种，建立森林公园、自然保护区等城市公共绿地，努力扩大城市绿化覆盖率，只有在房地产开发建设中做到环境效益、经济效益和社会效益的有机统一，才能促进房地产业的可持续发展。

3. 正确处理城市化中人与地的关系

房地产经济可持续发展首先涉及的就是城市化过程中人口与土地变动的关系。工业化发展必然引起城市化。城市化就是变农村人口为城市人口的过程，为了满足农村人口进入城市，以及城市发展的要求，必然有一个农业用地变为城市用地的过程。为了正确处理城市化过程中人口与土地资源的关系，政府必须坚决执行保护耕地、实现耕地总量动态平衡的政策；同时要严格控制城市用地规模，集约利用土地，提高土地利用效率，优化土地利用结构，力争实现城市化过程中人口与土地资源的协调发展。

4. 坚持房地产开发建设生态规划

房地产开发建设必须遵循生态经济发展规律，制定好土地开发利用总体规划；要根据人口密度、资源潜力、环境容量和生态承受能力，确定合理的建筑密度及建筑物高度；要实行合理的功能分区，使整个城市空间布局体现城市生态经济系统的合理性；坚持绿地立体化原则，积极培育人工植物群落，大面积地进行立体绿化，力求实现生态保护和经济发展的完满结合；坚持综合利用原则，力争实现土地等自然资源的利用、再生与保持相结合，生态供需与经济供需相统一；要根据各地的特点，尽量建造人口高密度和建筑低密度的现代住宅群，使住宅的水平和垂直、局部和整体有机结合起来，形成复合式居住小区；提高配套设施的利用效率，同时提倡科学消费，杜绝不合理和浪费性消费，努力控制消费资料、生产资料的消耗，大力减少自然资源的耗损，力求对自然资源的永续利用。

（四）房地产市场与可持续发展

1. 房地产市场的可持续发展观

"经济人范式"是现代经济学最重要的理论假设之一，是构建经济学大厦的理论基石。"经济人范式"是现代经济分析框架的重要内容，可持续发展观也正在融入经济分析的主流，但可持续发展的进入却对"经济人范式"提出了严峻的挑战。在"经济人范式"中，所谓的"经济人"是自利的，也是理性的。

"经济人"在良好的法律制度中，可以增进社会公益。总之，"经济人"是会计算、有创造性、能寻求自身利益最大化的人。在经济活动中，其追求的唯一目标是其自身经济利益的最大化，即"经济人"主观上既不考虑社会利益，也不考虑自身的非经济利益。

然而，可持续性概念从规范经济学和伦理学的角度对"经济人"进行了否定。从可持续发展观来看，"经济人"充其量只具有经济理性，他不关心政治问题与道德问题，不具有社会理性。"经济人"也不关心环境问题，也不具备生态理性。从总体而言，与可持续发展观相适应的"新经济人"必须具有与可持续发展观相适应的行为规范，必须遵循生态安全原则和综合效益原则，也要强调公平与正义原则，还要采用有利于共赢的竞争方式。

从可持续发展观来看，市场经济伦理对经济运行中的问题所采取的"等着瞧"的态度是十分危险的。因为环境污染和自然资源的耗竭往往具有不可逆转性，或者需要很长的时间才可以逆转。而且当代人有可能从自身的利益出发进行决策，而将由不可逆转性造成的无法挽回的损失推给子孙后代。可以说，不可逆转性问题暴露了市场经济伦理的真正缺陷。从可持续发展的角度来审视，树立资源利用的最低安全标准是解决不可逆转性问题的基本途径，而所谓的最低安全标准的建立，就是为了保证子孙后代的生存和发展，要求必须给他们留下最低限度质量的环境与最低限度数量的自然资源。

2.房地产市场的可持续市场模式

（1）发展目标。

要实现房地产市场发展与社会进步、经济发展与生态优化的协调和均衡，政府必须坚持房地产市场的可持续发展观，修正市场经济下的价格机制造成的资源配置偏差。

（2）发展途径。

从总体而言，房地产市场的可持续发展要求把传统市场模式改造为可持续市场模式，要求把传统市场机制改造为可持续市场机制，要求把传统市场经济观改造为可持续发展观。具体而言，其发展途径包括培育多元化的市场主体，期望确立代表房地产资源生态与社会价值的独立的人格化主体；扩展市场客体的范围，使房地产资源价值、经济价值、社会价值都有其实现的途径和方式；实现市场规则制定主体的多元化，确立有利于社会稳定与经济发展的房地产制度体系，弥补价格机制的缺陷，通过技术创新与制度创新来减少价值机制的资源浪费及其不可逆转性问题。

（3）发展动力。

房地产市场的发展动力问题主要涉及以下四个方面。

第一，经济发展，不断增长的经济潜力为传统产业改造提供了充足的资金支持，也将促进包括房地产业在内的产业体系的生态化。

第二，观念转变，来源于可持续发展观的逐步形成，来源于全社会环境保护与生态优化意识的不断增强。

第三，制度建设，规范房地产市场主体行为的法律法规的完善，使房地产价值充分实现的制度环境得以形成。

第四，社会转型，具有主体意识的多元化社会主体成为制衡政府行政权力与企业经济权利有效的社会力量，并能保证可持续发展观成为社会意识形态的基本成分。

（4）发展原则。

第一，节制需求原则，即房地产市场应从满足人们的充分需求转换为满足人们的适当需求，需求应受限于自然环境的承载力以及社会稳定与经济发展能力。

第二，有序供给原则，即房地产市场供给的效率原则应从单纯的经济效率原则转变为考虑经济、社会与生态复合价值的复合效率原则。供给应保证最合理利用现有资源及维持企业目标与社会经济整体目标的协调。

第三，生态优化原则，即房地产市场发展应保证生态资本积累成长的过程不断延续。房地产市场的发展要建立在房地产业自然环境稳定改善基础之上。

第四，使社会进步原则，即房地产市场发展应保证社会资本的积累过程不断延续。房地产市场发展应有利于社会意识形态的更新与社会文明水平的提高。

第三节　中国房价的影响因素和未来发展

房地产价格在近些年步步上升，在经济发展飞速的时代给很多人带来了极大的影响，影响主要体现在居民生活质量和国民经济发展不稳定两个方面。房地产价格的问题已经引起了人民和国家的高度关注，所以这不仅是经济问题，同时也是一个社会问题。

一、房产价格现状

近年来，房地产行业在我国占据非常强势的地位。房地产行业的不断扩大使得它在各方面都极速发展，并且由于自身的关联性较强，对人民生活的影响较为广泛。正是这种广泛的影响使得房价的增减成为备受全民关注的焦点。国家不断加大力度控制经济，调整房价的增加幅度以保障人民的居住需求，但是由于人们有着自我归属和居住环境等多方面的需求，即使有新建的居住场地也无法降低房价的涨幅，甚至二手房价也在不断上涨。目前，我国发布相关政策，通过房产税、土地控制等方法缓解房价上涨的趋势，城镇空间、人口老龄化、国家税收等问题在不断牵制房价的未来，但实施效果不佳，现在房地产价格整体上还是在上涨。

二、影响房价上涨的因素

（一）建筑成本

建筑成本是房地产价格中非常重要的一个组成部分，它包括了建材成本和人工管理成本。近几年房地产业斗争不减，但国家提倡保护自然环境和共建美好家园，并从各方面控制居住区的污染情况，这就导致我国的钢材和水泥被限制使用。建筑材料开始互相干扰，其价格近乎同步上涨，因此我国许多建筑材料仍然处于供不应求的状态，这样的情况在短时间内没有办法恢复，因此建筑材料价格下降的可能性不大。除此之外，土地的有限性也成为增加房价的因素。不论土地的价格如何变化，人们对它的需求都不会变化，并且它在经济供给方面的比率也很小。我国人口在不断增加，社会以及经济的持续发展给土地资源带来非常大的压力。因此，住房需求的增加使得房价明显提升，换句话说，就是土地价格的增加抬高了房地产价格。

（二）产业关联效应

房地产行业的关联性非常之强，这也就意味着房地产行业的不断前进可以带动中国很多其他产业的前进，所以国家对于房地产的发展非常重视。房地产业可以带动中国几十个行业的发展，在这其中住宅行业非常突出。那么想要影响房地产业的发展趋势，住宅行业就成了国家的主要目标。根据《国民经济和社会发展第十个五年计划纲要》中所提的内容，国家会鼓励房地产不断扩大，这是因为国家要深化城镇住宅制度的改革并且扩大住房消费信贷，尽可能发展以居民式住宅为主要核心的房地产业。国家的鼓励和支持会带动两方面的提高。一方面，在国家的支持下，房地产业凭借自身的带动性使得其他行业的发展不断向前，从而促进 GDP 的增长，这对国家而言无疑是一件好事；另一方面，国家的支持会使得房地产价格被不断推动。

（三）房地产的环境影响

房地产的环境影响主要是指房子所处的地段对价格的影响，同时还包括了附近的医疗、教育、娱乐、安全等附加因素。这些因素是居民所无法逃避的，毕竟其涉及直接与居民相关的公共服务，正是如此才导致房价受到了广泛的影响。没有人愿意住在充满安全问题的地方，没有人愿意住在缺少医疗条件的地方，也没有人愿意住在无法给予教育保障的地方，所以人们共同的需求就会抬高部分区域房价，同时影响整体房价。随着近几年居民生活水平大幅度上升，居住环境会不断被重视起来，除了基本的生活需求以外，人们还会对生态环境、卫生情况、交通条件有着更高的需求，这样的需求变化也会给房地产的价格带来很大的提升。

（四）城乡一体化发展

城乡一体化发展给我国带来的最大改变就是人口结构变化，也就表示有很大部分农村人口涌向了城镇地区，使得我们的人口分布极度不平均。这种人口分布情况影响着我们的人口比重，非农民人口比重在大幅度上升，这样就会对房地产业带来很大的影响。城乡一体化可以解决很多农村人口的就业问题，与此同时也出现了他们在城镇地区的住房问题，为了解决这样的状况，房地产业的供求平衡就要被打破，住房量大幅度提升并且尽可能满足人民的基本居住。除此之外，城乡一体化还会对本就富裕的城镇居民带来影响，他们从中看到房地产价格上涨的势头，为了从中赚取钱财，也加入房地产行业，给整体的房地产价格又带来一次波动。

（五）居民收入水平提升

国民经济不断飞速发展，居民整体的收入水平也在不断提高。我国的社会保障和医疗保障也在不断完善，这就使得城镇居民对于住房的需求变得更大，也就是提高了居民的住房购买能力。一方面，一套房子已经不能满足部分人的需求，他们的购买力影响着房地产的数量和房地产的价格；另一方面，住房条件不断提高，学区住宅、健康住宅等多种不同特点的住宅陆续出现，并且城镇居民的可支配收入增加使得他们开始注重投资，但是股票投资一直处于低迷的状态，并非人们最好的选择，这就让他们看向了相对广阔的房地产业，进而影响了房地产的供需关系，促使房地产价格上涨。

三、"十四五"定调未来房地产发展方向

2020年11月3日，新华社受权发布了《中共中央关于制定国民经济和社会发展第十四个五年规划和二〇三五年远景目标的建议》（以下简称《建议》）。

在房地产方面，《建议》提出要全面促进消费，促进住房消费健康发展。《建议》指出，推动金融、房地产同实体经济均衡发展，实现上下游、产供销有效衔接，促进农业、制造业、服务业、能源资源等产业门类关系协调。《建议》指出，坚持"房子是用来住的，不是用来炒的"定位，租购并举、因城施策，促进房地产市场平稳健康发展；有效增加保障性住房供给，完善土地出让收入分配机制，探索支持利用集体建设用地按照规划建设租赁住房，支持长租房政策，扩大保障性租赁住房供给。《建议》指出，推进以人为核心的新型城镇化，实施城市更新行动，推进城市生态修复、功能完善工程，统筹城市规划、

建设、管理，合理确定城市规模、人口密度、空间结构，促进大中小城市和小城镇协调发展；强化历史文化保护，塑造城市风貌，加强城镇老旧小区改造和社区建设，增强城市防洪排涝能力，建设海绵城市、韧性城市。

（一）推动金融、房地产同实体经济均衡发展

实体经济要发展，房地产同样要发展。经济发展离不开房地产。两者要均衡，不能脱实入虚，不能脱离实体经济去过度发展房地产。《建议》基本确定了房地产在经济发展中的地位和定位。这一点呼应了之前提出的"不以房地产刺激经济"。随着房地产市场的快速发展，我国土地收入占国民经济的比重逐渐升高。《建议》预示着房地产市场只需平稳发展，实体经济将受到一系列支持。

（二）坚持房住不炒，因城施策，促进房地产市场平稳健康发展

主房消费要发展，但是要把握"健康"这个度，不能过度，不能不健康。

我们应坚持"房子是用来住的，不是用来炒"的定位。自 2016 年提出"房住不炒"的概念后，该定位一直未变，预计未来 5 ~ 15 年内，"房住不炒"定位仍不会改变。这也就意味着未来政策在方向上，仍将刚需群体、无房家庭作为重点保护对象。

这里提到因城施策，促进房地产市场平稳健康发展。这意味着接下来的政策仍是根据地方房地产市场的状况差异化调控，可预测热点城市的房地产市场调控仍趋紧，一些三四线城市以及市场库存高去化慢的城市房地产政策相对宽松，同时赋予了地方政府调控房地产市场的权力，但地方政府调控房地产政策的前提是有利于当地城市房地产市场平稳发展，其并不能随意调控。

（三）有效增加保障性住房供给，完善长租房政策

拓宽渠道，利用集体建设用地建设租赁住房将在政策上破局，并且成为未

来租赁住房的重要形式。政府对于租赁市场，一是支持利用集体建设用地按照规划建设租赁住房，目前有 13 个城市在试点集体用地建设租赁住房，未来试点城市范围或进一步拓宽，预计热点城市优先试点；二是扩大保障性租赁住房的供给，这也意味着未来自持地块的比例或有进一步提升的可能性。

完善长租房政策代表着长租公寓的发展仍受到重视，后续针对长租公寓的规范性，监管方面的政策将会进一步完善，包括人才住房落户、入学、租售同权等方面将继续探索推进。有效增加保障性住房供给，预示着各地的保障房持续推出，如公租房、共有产权房供给将进一步增加，更好解决中低收入居民的住房问题。

（四）推进以人为核心的新型城镇化，实施城市更新行动

新型城镇化以人为核心，以人的流动来决定住房和消费，住房和生活配套要围绕人来展开，既要推进城乡基本公共服务均等化，继续把新增公共资源向农村倾斜，提高农村居民享受基本公共服务的水平，让进城务工人员及其家庭真正融入城市，享受同等的社会保障、义务教育、保障性住房等基本公共服务。

"十四五"规划期间，我国城市化需求继续增加，根据国务院发布的《国家人口发展规划 2016 ~ 2030》中的相关要求，2030 年我国城镇化率将达到70%，据此估算，未来 10 年仍将有至少 1.4 亿人口进城，重点关注房地产业的需求供应能力与区域吸引能力，对医疗、养老、物流等行业要素精准嫁接，将成为未来房地产业的重要发展路径。

（五）加强城镇老旧小区改造和社区建设，建设海绵城市、韧性城市

"韧性城市"，这个已在建筑业界热议多时的城市建设理念正式写进了中央文件。根据国际组织倡导地区可持续发展国际理事会定义，"韧性城市"指

能够凭自身的能力抵御灾害，减轻灾害损失，并合理地调配资源以从灾害中快速恢复过来的城市。2017 年 6 月，中国地震局提出实施的国家地震科技创新工程包含了四大计划，"韧性城乡"计划就是其中之一。

"韧性城市"建设要求城市治理体现比较大的韧性——当发生危机时，城市有比较强的抵御能力；危机发生以后，城市也有比较完备的应对措施。随着中国的城市规模越来越大，人口密度越来越高，城市的风险防控能力，包括对自然风险、卫生风险以及社会风险等的防御能力都应该得到提升。

未来 5 ~ 15 年，房地产行业依然要发展，但是要把握 3 个关键词：均衡、平稳、健康。时代和发展阶段变了，孕育着的新机会也会有所变化，城市更新、老旧小区改造、常住人口落户以及中心城市、城市群、都市圈等都会面临新机会，但是机会有大小，关键看政策。谁能对未来的形势和发展方向把握精准，谁的战略战术调整更有针对性，谁就能在今后竞争越来越激烈、利润越来越薄的房地产市场中决胜未来。

第九章　房地产周期与房地产泡沫

第一节　房地产经济周期及其特点

一、房地产经济周期的阶段及表现

房地产经济周期运动过程可简单描述如下：经济增长对房地产的需求刺激建筑业的发展—经济繁荣进一步刺激房地产需求—新建房地产超过实际需求—产生过剩房地产积压—房地产需求迅速减退，进入调整期—存量逐步消化，进入恢复期—新的经济增长使房地产需求大于供给—开始新一轮经济周期运动。

同宏观经济周期一样，从房地产经济周期波动的阶段来分析，其也可分为复苏与增长、繁荣（波峰）、危机与衰退、萧条（波谷）四个阶段。下面就各个阶段的主要特点做简要分析。

（一）复苏与增长阶段

在房地产业萧条之后出现的复苏与增长，一般会经历较长的时间。这一阶段的主要特征如下：

（1）交易量回升，购房者开始增多，少数炒家开始入市，但买房者仍多为自用，投机者较少；

（2）需求趋旺刺激房地产价格慢慢回升，使之呈持续增长状态，但期房价格仍然低于现房价格；

（3）交易量的增加推动房地产开发数量的上升，房地产开发投资逐渐增多，且开发速度逐步加快。

随着房地产市场的加速回升，人们对市场形势充满乐观情绪，购房者特别是炒家的进一步涌入，不但导致现房价上涨，还促使期房价格进一步回暖，市场交易尤其是二、三级市场交易活跃。于是，在条件成熟时，整个房地产经济又进入繁荣阶段。

（二）繁荣阶段

繁荣阶段也就是人们常说的经济周期中的波峰。这一阶段持续的时间较短，主要特征如下。

第一，开发规模加大、交易量急剧增加。进入繁荣阶段，房地产开发企业对土地以及房地产的开发与建设规模进一步增大，其他行业的企业也因房地产市场极度乐观和高额利润而进入房地产市场，房地产投资量剧增，于是现房和期房都被大量推出，各级市场的房地产交易量激增，整个房地产业呈现兴旺发达的被景象。

第二，房价越来越高，逐渐到达顶点，市场中投机者活跃。一般来说，先是期房价格增幅紧跟现房价格，然后两者并驾齐驱；接着期房价格增幅慢慢越过现房价格；最后期房价格迅速上升并在房价上涨过程中起带头拉动作用。房地产市场炒风日盛，限制投机的呼声日益成为社会的共识。

第三，到达一定阶段，由于房地产价格和房地产经营利率高、房地产开发量过度增加，以及房地产开发内部结构不合理等因素，房地产开发建设逐渐超过市场有效需求，房地产业开始出现衰退下滑迹象。这时，真正自用买房者大多被迫退出市场，只留下投机资金支撑房地产市场，形成有价无市的局面。

（三）危机与衰退阶段

当房价高到把真正房地产消费者挤出，仅仅依靠投机资金支撑时，房地产业也就由盛转衰，预示着危机与衰退阶段的到来。相对来说，这一阶段较为短暂，其主要特征如下。

第一，房价在开始时虽仍然继续上升，但是涨幅明显放缓并开始出现下跌迹象，现房价格基本上停顿不前。

第二，交易量明显减少，形成明显的有价无市的状态。在受到一些突发性事件的影响时，房地产价格急剧下降。其中期房价格下跌速度要快于现房价格的下跌。房地产价格的暴跌趋势阻止真正的消费者及投机者进入市场，又进一步加剧了房地产价格的下跌速度。

第三，由于交易量锐减，一些实力较差、抗风险能力较弱的开发商因为资金及债务等问题而难以为继，房地产从业人员减少，失业率和破产率增加。

（四）萧条阶段

萧条阶段也就是人们常说的波谷，持续时间较长。其主要特征如下。

第一，房地产价格跌势继续，大多数房地产的价格只跌不涨，甚至跌破原值，期房价格加速下降而大大低于现房价格。

第二，伴随着房地产价格的大幅度下降，房地产交易量锐减，其中楼花交易量降幅更大。

第三，一部分房地产发展商面临困境，破产现象更加普遍，甚至有一些实力雄厚的大型公司也难免蒙受重大损失。

二、房地产经济周期波动的形态分析

房地产经济周期作为一种产业周期，其波动符合经济周期波动的一般规律，其波动过程也存在不同的形态。一般来说，我们可以把房地产经济周期的时间序列划分为长期趋势、景气循环、季节波动、随机波动四种形态。

（一）长期趋势

房地产经济周期中的长期趋势反映的是房地产业发展过程中较长时期内的总量变化趋势。房地产业发展的长期趋势主要受人口增长、城市化进程（包括逆城市化）、资本积累、产业结构变化、技术进步等因素的影响。一般来说，由于土地资源的稀缺性和国民经济总量的发展，房地产业在较长时期的持续发展过程中，基本上都表现出一种增长的趋势。尤其是在经历一段较长时期的经济起飞过程后，其往往保持较高的经济增长率，房地产业在此阶段的长期趋势也表现出较快的增长过程。

一般来说，长期趋势也存在明显的循环性和周期性。在社会经济发展过程中，社会经济体制变革、宏观经济结构调整以及科技的巨大进步等长波因素发生变化，必然导致对资源的再分配，包括对房地产的置换、更新、改造与开发等，从而使房地产经济周期的长期趋势发生波动。此外，我们考察长期趋势的变化，还要考虑产业本身成长过程的影响。一般来说，产业的增长趋势呈 S 形曲线。在房地产业发展的初期，增长过程较快，随后这种增速度就会回落，一段时间后，房地产业的增长将逐渐趋同于宏观经济总量的增长趋势，并会受到经济总量波动的影响。

（二）景气循环

所谓景气循环，就是指房地产业的实际发展与其长期趋势之间存在偏差，围绕长期趋势发生波动，即房地产市场不断从繁荣滑向萧条，又从萧条走向繁荣这样一种周而复始的运动过程。影响房地产景气循环的主要因素有：就业与收入水平的变化、地区人口的增长和政府货币及财税政策的变化等。

与宏观经济循环相比，房地产景气循环的一般特征是：①房地产业稍后于宏观经济进入复苏期；②房地产业先于宏观经济进入繁荣期；③房地产业先于宏观经济进入衰退期；④房地产业的萧条期长于宏观经济；⑤景气循环的波峰高于宏观经济，波谷低于宏观经济。

也就是说，相对于宏观经济，房地产经济波动具有涨落快、波幅大、萧条时期长的特点。

（三）季节波动

季节波动是指房地产业在一年之内活动的有规则的变化。引起房地产业这种季节波动的因素有多种，有的来自市场需求方面的变化，有的则来自市场供给方面的变动。例如，为了方便子女上学，不少家庭在7、8、9月份购房或租房，所以7、8月份往往是住房买卖和租赁的高潮。又如，欧美冬季多雨，所以房地产业特别建筑业的活动在这一时期大幅减少；而我国台湾地区有所谓3月、10月"黄金档期"，7月"鬼月"业绩就要"度小月"的说法。以上这些因素都会影响房地产经济周期中的季节波动。

（四）随机波动（不规则波动）

房地产业的发展还可能受到各种不确定的外生因素的干扰和影响。这种因素既包括地震、洪水等自然灾害，也包括战争、政治风波、流行病疫情（如SARS）等不可控因素，还包括某些不可预测的因素，如科学技术的根本性变革等。由于这些因素发生的时间与强度具有不规则和不可测性，在对房地产业总体发展的影响上基本上属于一种随机现象，因此我们将这些因素所引起的房地产经济周期的波动称为随机波动或不规则波动。由于房地产位置的固定性和不可移动性,这种随机波动对房地产业和房地产市场的影响有时是十分巨大的,房地产业发展因而面临巨大的风险。

在上述房地产经济周期波动的四种形态中,对房地产市场研究和投资分析具有理论研究和实践指导意义的主要是景气循环;其次是对长期趋势的测定和描述;对季节波动的原因和规律的分析将有助于房地产的销售;至于影响房地产经济周期的大量随机因素,则往往难以预测和把握。

三、房地产经济周期波动的特点—时滞效应

从本质上讲,房地产经济周期波动是供给和需求的波动及其相互作用所造成的房地产的价格和数量的周期波动。由于房地产的建设周期长,供给在短期内缺乏弹性,供给变化要远落后于需求变化,造成了供求变化的时滞效应。房地产经济周期波动这种特征,是由房地产自身的商品特性及其市场特性造成的。

(一)时滞效应的产生

从房地产市场生命周期来看,房地产经济周期时滞效应产生的原因,可归纳说明如下。

1. 决策的延迟

当经济状况发生变化时,各项房地产投资、生产、交易、使用的计划、决策都应根据实际情况进行改变,但是由于信息不足以及判断不够迅速或正确等原因,各项计划常常无法及时做出,造成计划上的延迟。这种延迟即认知与决策间的时滞。

2. 生产的延迟

当投资者决定对某项房地产项目进行投资时,常常需要耗费时日去获取土地、规划许可和资金等。房地产的生产期一般为 1 ~ 3 年,相对其他一般商品,

房地产投资者一旦投入就难以撤资，其供给弹性较小，因此投资者对市场变化无法迅速做出相应调整，会造成很长的时滞。所以投资者根据前期或当期价格决策的风险加大，这也说明在扩张阶段进行的许多中长期房地产投资往往暗藏着衰退的导火线。在房地产市场不景气时，原先计划投资开发的项目还是要进行，否则企业会面临庞大的银行贷款压力。

3. 房地产市场信息不完全

因为信息不完全，房地产交易很难适时、适地、有秩序地进行。尤其在房地产交易信息缺乏透明化时，买卖双方的接触和谈判往往需要耗费大量的搜寻成本。

（二）时滞效应对房地产经济周期波动的影响分析

时滞效应在房地产经济周期波动中，表现为高涨与衰退过程较为迅速，周期较短。房地产投资决策、生产以及市场信息获得等的延迟，导致时滞效应在房地产业表现得特别明显。一般来说，这种时滞效应在房地产经济周期的扩张阶段表现为房地产价格的暴涨和市场的过度繁荣；而在衰退阶段则表现为房地产价格的暴跌和市场的过度萧条。因此，在周期不同阶段的展开过程中，房地产经济波动幅度一般高于宏观经济波动幅度。

另外，从经济周期各个阶段的展开过程来分析，其具有以下特点。

第一，宏观经济开始复苏后，房地产投资与开发也随之上升，但房地产开发的时滞效应使得房地产的复苏会稍晚于宏观经济的复苏。

第二，在房地产经济开始复苏后，在宏观经济持续增长的带动下，房地产需求不断上升，但由于房地产供给短期刚性，加上保值增值心理影响，导致房地产价格全面上扬；与此同时，随着房地产价格上升，房地产开发商的资产相应快速膨胀，在银行提供大量按揭的情况下，经过投资乘数等作用，结果导致房地产经济周期比宏观经济周期更快地进入繁荣阶段。

第三，由于房地产经济周期的繁荣期更早来临，加之没有宏观经济那种各行业之间相互消长的综合影响以及开发商的信息不完全，因而房地产业通常比宏观经济先期出现衰退现象，即当宏观经济进入繁荣阶段时，房地产经济已经率先出现停滞乃至衰退的迹象。

第四，当宏观经济进入衰退期后，房地产经济出现更为猛烈的下降过程，房地产价格大幅下降，房地产交易量也大大降低，房地产商品空置率明显提高。

第五，经过明显的产业紧缩之后，房地产经济进入持续时间相对较长的萧条阶段，直到宏观经济开始缓慢复苏后，才慢慢走出萧条期，进入新一轮的经济周期。

第二节　房地产经济周期波动的机制分析

一、房地产经济周期的形成机制

房地产经济周期波动是由房地产经济体系的内生因素和外生因素相互作用形成的。内生因素形成房地产经济周期波动的内在传导机制和基础结构，外生因素形成房地产经济周期波动的外在影响机制。

（一）房地产经济周期波动的内在传导机制

所谓内在传导机制，是指经济体系中的主要内生因素，依其自身规律发生周期性变化而又相互作用，从而使经济波动呈现周期性变化的逻辑必然性。经济体系的内在因素成为房地产经济周期波动的自我推动力量，每一次扩张阶段都给衰退和收缩创造条件，而每一次收缩又为复苏和扩张创造条件。

房地产需求的增长或房地产的短期供给不足，将引起房地产开发活动的增加和房地产行业收益率的上升；而需求的增加和收益率的提高，将引起企业自我累积的投资需求增加，同时吸引其他行业资本的投入，从而导起房地产开发规模的进一步扩大。然而，这种投资的扩张并不是无止境的。在投资扩张过程中，一方面房地产的供给由短期不足到短期过剩，造成供给和需求的比例和结构失调，从而导致房地产开发活动秩序的混乱甚至开发过程的中断；另一方面扩张活动受到资源（如土地、资金、建材和劳动力等）供给的约束，特别是土地资源有限性的约束，形成房地产扩张的"瓶颈"，导致房地产经济扩张活动的中断，进而转向收缩。

收缩阶段的作用机制与上述过程类似。在收缩过程中，一方面由于开发规模的下降，资源供给由过度紧张转为宽松，资源供给"瓶颈"的制约逐步得以缓解；另一方面，经过收缩阶段的调整，开发活动逐步走向有序性，混乱状态恢复正常。随着房地产供给的逐步消化与需求水平的增长，房地产经济活动又开始逐步走向扩张。这样周而复始，形成了房地产的周期波动过程。

需要注意的是，与宏观经济周期波动的作用机制不同，房地产经济周期波动的引发因素主要是房地产需求因素，它更多受经济发展水平和宏观经济运行环境的影响，而不仅仅是房地产经济体系内部作用的结果。另外，房地产供给因素主要受房地产经济体系内部因素（如房地产投资）的影响，而受宏观经济运行状况的影响相对较小。这样，需求因素和供给因素综合作用的结果，可能使房地产经济周期波动具有与国民经济周期不同的表现。

（二）房地产经济周期波动的外在影响机制

房地产经济周期波动有自己独立的运行体系，同时它的运动也不可避免地要受到外部因素的扰动和制约。外生因素一般通过内生因素的作用实现对房地产经济活动的影响。外生因素的变动，会引起相关的房地产经济体系的内部因素即周期波动的内生因素的变动，而某项内生因素的变动，又会通过乘数作用和加速作用，造成整个房地产经济体系的变动，从而对房地产经济周期波动造成影响。而且，有些外生因素如技术革命、产业结构的变化等，与其说是通过影响内在机制的变化而发生作用，还不如说它更多是通过改变内在机制的基础而发挥作用。地震、洪水等随机因素，直接给整个宏观经济的运行环境带来巨大的影响，改变房地产等行业的发展环境，给房地产经济周期带来了不规则变动。

当然，外生因素不可能取代内生因素的作用，它只会改变房地产经济周期波动的形式。由它引起的周期的特殊性是次要的，由内生因素决定的周期规律性才是主要的。

二、影响房地产经济周期的因素

（一）经济增长率

经济增长是指一国经济活动能力的扩大，其衡量标准是一国商品和劳务总量即国民生产总值的增长状况，或者人均国民生产总值的增长状况。国民经济增长率与房地产业发展状况之间存在十分紧密的关系。第一，房地产业发展水平与国民经济增长率高度正相关，宏观经济增长率越高，房地产业发展速度也就越快。第二，房地产业与宏观经济增长水平高度相关。实际上，在经济的不同发展阶段，房地产业的发展水平也有所区别。

（二）国民收入、消费水平

国民收入表明一个国家在一定时期内投入生产资源后所生产出来的产品和劳务的价值或由此形成的收入水平。国民收入的增加或下降，一方面表现为消费水平和社会购买力的上升或降低，另一方面又可表现为社会中可供投资的资源数量的增加或下降。从总体上分析，当收入水平变动作为外部冲击形成后，在房地产收入需求弹性等内部传导机制的作用下，不但会影响房地产消费需求，而且会影响房地产投资需求，结果最终导致房地产需求随收入水平而波动。

国民收入水平影响房地产需求的传导机制可以从两个方面分析。一方面，收入变动会影响消费者对房地产的支付能力，而支付能力的调整影响到房地产需求水平。例如，收入影响家庭在住宅上持续不断地支付现金（如租金或分期付款）的能力，进而通过现金支付承受力来影响住宅需求。另一方面，收入水平变动会影响消费者对财富积累的预期，进而影响房地产投资需求水平。例如，收入变动影响家庭成员对一生财富积累的预期，进而这种对财富积累的预期再对住宅需求产生影响。

消费水平是个人可支配收入扣除储蓄以后的余额部分。按照恩格尔定律，随着消费水平的变动，以及在收入水平和边际消费倾向既定条件下消费结构发生变动，房地产需求都会受到影响，从而使房地产业的发展相应出现扩张或收缩现象，由此带动房地产业波动。一般来说，不但消费水平本身，而且影响消费水平发生变化的各种影响因素，如个人可支配收入、储蓄倾向、消费偏好、商品价格水平、家庭财产状况等，也会对房地产需求产生影响，进而影响房地产业发展状况。

从实际情况来看，不同经济发展水平国家的房地产需求和消费水平也各不相同。

（三）通货膨胀率

通货膨胀率（或物价指数）主要通过两个途径对房地产经济波动产生影响。

第一，通货膨胀因素影响房地产名义价格与真实价值变动，从而导致房地产经济运行出现相应变化。由于房地产价格是构成总物价水平的重要组成部分，因此物价指数或通货膨胀率与房地产价格之间存在明显的正相关关系。当物价总体呈上涨趋向时，房地产名义价格也随之上涨，扣除通货膨胀率后的房地产真实价值也相应上升；当物价总体水平趋于下降、通货膨胀率下降时，房地产名义价格也会趋于下调，扣除通胀因素后的房地产真实价值明显减少。随着房地产名义价格与真实价值的变化，在价格机制作用下，房地产经济运行出现扩张或收缩性变化。以西方主要工业国家为例，我们可以看到在通货膨胀持续高涨的年代，其房地产价格也出现明显上涨趋势。

第二，通货膨胀因素影响使房地产商品的保值与升值功能发生变动，进而影响房地产经济运行波动。物价上涨引发通货膨胀后，导致货币价值下降，消费者宁愿持有真实资产而放弃货币资产。由于房地产具有较强的保值和升值潜力，并且能够在通胀率高时顺利实现保值和增值功能，因此房地产便成为消费者抵御物价上涨的有效投资渠道，从而推动房地产投资活动增加。相反，当物价下降，特别是出现通货紧缩后，不但作为真实资产的房地产名义价格会有所下降，甚至还可能出现房地产真实价值减少，其结果均会导致房地产投资行为和投资规模受到影响。

（四）收益率

一般来说，当房地产开发商的预期收益率不断提高时，开发商会扩大投资和开发规模；当预期收益率不断下降时，开发商的投资行为就会变得较为谨慎。因此，收益率就像指挥棒，引导着开发商的投资行为。

由于市场竞争的存在，房地产开发商不可能长久地获得高出社会平均投资收益水平的超额利润。只要房地产开发投资存在着超额利润，就会不断有新的投资者进入房地产开发的行列。新的投资者进入导致房地产供应增加和市场竞争的加剧，结果使房地产开发的收益水平逐渐回落到社会平均水平甚至以下。此时，新的投资者不再进入，原有部分投资者还会退出，房地产市场上的新增供应减少。而随着房地产消费和投资需求的增加，超量的供应被市场吸纳，房地产市场的开发利润水平又会回升，其回升到一定水平时，新的投资者又进入房地产市场。房地产市场就这样随着收益率的变化发生周而复始的运动，形成房地产经济周期的波动。

（五）政策因素

影响房地产经济周期波动的政策因素，是指政府所采用的一系列政策工具，包括财政政策、货币政策、产业政策（含土地政策）、经济体制和经济制度改革政策以及区域发展政策等。这些政策工具从房地产业发展的各个方面对房地产市场进行干预，从而影响房地产经济周期波动。例如，政府采取财政支出政策，以政府自身的支出总量和结构的变动影响房地产市场的总量和结构；又如，政府调节土地一级市场的供应量、控制或加大福利性住宅的建设规模、从事城市基础设施的建设以及直接参与房地产市场的交易和部分房地产的建设等，影响房地产经济周期的波动。

与经济增长率、通胀率等宏观经济变量对房地产周期波动的冲击作用相似，宏观政策因素和体制因素也会以冲击和传递方式，对房地产经济运行趋势和轨迹产生影响。这里对投资政策、货币政策的影响进行说明分析。

1. 投资政策

作为经济增长的重要因素，投资不但直接影响宏观经济增长趋势与增长水平，而且对作为宏观经济组成部分的产业发展产生重要影响。当投资规模与投资结构出现变动时，对所需资金投入多、形成价值也较大的房地产业来说，也就自然会随投资波动而出现房地产经济增长的波动。投资经济增长总量模型可以说明投资波动对房地产经济周期的影响。

在投资对房地产经济增长的作用与机制保持不变的条件下，如果投资政策发生变动，全社会投资规模与投资结构出现变动，房地产经济增长会产生相应波动。具体来看，在投资传导机制保持不变时，作为外部冲击的投资政策会在两种情况下对房地产经济增长产生波动性影响。一是当社会总投资规模与总投资结构出现变动时，投向房地产的资本量会发生变化，从而导致作为房地产业增长动力的投资水平出现变动，结果使得房地产经济增长出现波动。二是在社会投资规模与投资结构保持不变时，投入房地产业的资本会出现投资结构的变动，在这种情况下也会影响房地产业的发展状态。

2. 货币政策

作为外部因素对房地产经济运行产生波动性影响的货币政策，主要是通过货币供应变动与利率变动等方式，对房地产经济运行过程形成外部冲击和干扰。由于房地产业所需投资额巨大，房地产投资开发活动在相当程度上是一种融资过程，因此金融政策的调整与变动对房地产经济运行的冲击影响比对其他产业的更为明显。

货币市场的超额供给最终将反映到产品市场、股票市场、房地产市场和其他市场上，使这些市场产生超额需求，从而推动各个市场价格上涨，产量也相应出现波动。

利率变动作为外部因素对资金投入巨大的房地产经济运行的影响也十分明显，由此对房地产业发展产生较强的调节作用。一般来说，第一，由于长期利率反映了社会的投资利润率，同时也就反映了房地产投资的机会成本水平。如果长期利率较高（低），表明房地产投资的机会成本较大（小），因而房地产投资会受到抑制（刺激）。第二，利率水平的波动，会直接影响房地产的投资成本、投资收益。这不但会调节房地产投资主体的投资行为与投资规模，而且会决定社会资本是否流入或流出房地产投资领域，从而影响着房地产业的发展状态。

（六）经济增长方式的转变

经济增长方式的变化对房地产经济周期的波动产生很大的影响。在不同的经济增长方式下，房地产需求的数量和结构都会有很大的差别。例如，粗放型增长方式主要依靠规模的扩大实现增长，因而对土地、厂房、仓库等不动产的需求在数量上扩大；当经济增长方式由粗放型转向集约型时，后者由于主要依赖于技术含量的提高，对房地产的需求就更加偏重质量的提高，进而影响房地产市场的发展方式。

如果这种经济增长方式的转变是在较短时期内发生的，则它对房地产经济周期波动的影响效果会比较显著；如果这种转变是在较长时期内缓慢发生的，则它会对房地产经济周期波动的性质产生深远的影响，这种影响一般通过产业结构的变化表现出来。

（七）产业结构演进

一定时期的产业结构特征，决定着当时的国民经济周期波动的基本形态。房地产业是国民经济整体的一部分，其发展和周期波动也要受国民经济周期波动的制约和影响。因此，产业结构的演进也决定了一定时期房地产经济周期波动的基本形态特征。例如，第二次世界大战后日本经济高速发展时期，地价出现的三次猛涨就伴随着产业结构的变化，即工业用地价格上涨引起的第一次地价猛涨、以住宅用地为主的第二次地价猛涨、以第三产业用地为主的第三次地价猛涨。而不论哪次地价猛涨，其趋势与工业化和产业结构演进的方向都是基本一致的。

不同的经济发展阶段，决定了相应的产业结构；而不同时期产业结构的特征不同，房地产经济周期波动的基本形态特征也不同。从发达国家经济发展的历史来看，在工业化初期和中期，由于制造业发展迅速，造成对工业用地需求剧增，工业地价的涨幅要大于其他类型用地和平均地价的涨幅。而在工业化的后期，由于第三产业的长足发展，房地产业的规模越来越大，在国民经济中的比重和地位也越来越高，房地产经济周期对国民经济周期的影响也加大。同时，由于房地产业与金融业的联系愈来愈紧密，房地产经济周期波动受到金融市场波动的影响日趋严重。

（八）城市化进程

城市化进程包括城市生活方式的兴起以及城市生活方式向郊区的扩散（即郊区化过程）两个方面。城市化的进程极大地加剧对城市基础设施和住宅的需求，并影响着人口流动以及交通运输业等的发展，而这些因素又进一步对地价上涨和房地产业的发展产生强烈而持久的作用，影响到各类房地产市场发展的长期趋势，进而影响各类房地产经济周期波动的特征。

第三节　房地产泡沫的形成机制

一、房地产泡沫的概念

（一）房地产泡沫的含义

泡沫状态就是一种或一系列资产的价格在一个连续过程中的急剧上涨。初始价格的上涨使人们产生"价格会进一步上涨"的预期，从而吸引新的买主——这些人只是想通过买卖牟取利润，而对资产本身的使用及其产生盈利的能力是不感兴趣的。随着价格的上涨，常常出现预期的逆转和价格的暴跌，由此而导致金融危机。

泡沫是由投机导致的资产价格脱离市场基础持续急剧上涨的过程或状态，而虚拟资本（主要是股票和土地）的价格泡沫的过度扩张称为泡沫经济。有学者认为：泡沫经济是由金融投机所导致的经济状态，表现为大量资产的价格飙升到远远脱离其内在价值的程度，其中隐藏着资产价格狂跌并引起市场崩溃与经济萧条的可能性。相应的，房地产资产的价格高于其内在价值的部分即为房地产泡沫。

（二）房地产泡沫与房地产过热辨析

与房地产泡沫相关的一个概念是"过热"。"过热"又称"过度开发"，一般是指当市场上的需求增长赶不上新增供给增长的速度时，所出现的房地产商品空置率上升、房地产价格和租金下降的情况。过热和泡沫存在以下区别。

1.过热和泡沫是反映两个不同层面的市场指标

过热反映市场上的供求关系；而泡沫则反映市场价格和实际价值之间的关系，如果市场价格偏离实际价值太远，房地产泡沫就出现了。

2.过热和泡沫所处的市场运行阶段不同

通常投机性泡沫会出现在周期循环的上升阶段，投资性需求旺盛，供不应求，交易价格上涨，商品房空置率下降；接着，更多的投资者参与进来，包括各类中介服务在内的行业从业者迅速增加，开发商预期价格会继续升高而加大投资力度，市场表现为供需两热，高位运行。随着房价的进一步提高，最终消费者迫于购买力压力退出市场，而供给还在迅速增加，市场开始过热。

过热一般存在于周期循环的下降阶段，这时供给的增长速度已经超过需求，空置率开始上升，价格出现下跌趋势。也就是说，当泡沫产生时，市场还处在上升阶段；而出现过热时，市场已经开始下滑。从另一个角度来说，如果泡沫产生，就必然会引起过热；但过热却不一定是由泡沫引发的。

3.过热和泡沫在危害性方面不同

正常的房地产周期循环都会存在过度开发的阶段，也会存在一定量的投机行为，这也是促进房地产市场繁荣的因素。但这种过度开发并不会发展到无法控制的地步，往往在市场出现下滑的征兆时就能自动调整，投机行为在整个市场交易中的比例也不高。因此，在这种情况下有可能存在着局部的泡沫现象，但市场整体仍然健康，大多数城镇居民能够承受现实房价，也就是说并非所有的市场繁荣都是由泡沫引起的。

有关研究表明，波动较大的市场也有可能处在长期均衡中，同时投资者的理性行为也会造成市场的周期波动。而房地产泡沫则是伴随着过度投机，投机者已经不再关心房地产自身的使用价值和盈利能力，而只想从买卖转手中牟取短期利益，于是价格出现不正常的上涨。一旦泡沫破灭，开发商和投资者的资产贬值，银行的资产也就同时贬值，不良资产增加，银行会紧缩贷款，需求进一步不足，价格也会持续下跌，从而造成恶性循环。也就是说，房地产泡沫比过度开发危害更大，会造成房地产市场不正常的大起大落。

二、房地产泡沫的表现形式

（一）价格泡沫

由于土地稀缺性和市场需求相对无限性的拉动作用及投机炒作，土地价格有时会出现快速上涨。如果土地价格几倍甚至几十倍地飞涨，这种虚张就会发展成价格泡沫。房价是与地价相联系的，地价虚涨的同时必然引起房价虚高，由于实际购买力没有随房价而增长，购房者难以承受，随之就将产生明显的购买力断层，最终引发价格剧跌。

（二）空置泡沫

在房地产市场供求关系中，按照通用的国际经验数据，商品房空置率在10%以内是正常的，如果超出过多，即商品房空置过高表明存在严重的供给过剩，供给过剩也会如价格泡沫一样，在外部环境适宜时会导致价格的剧跌。

（三）投资泡沫

一般来说，房地产投资增长率应与房地产消费增长率相适应，力求平衡供求关系。在发展中国家的经济起飞阶段，百业待兴，房地产投资增长率略大于消费增长率，形成供略大于求的市场局面，这对房地产业的发展和经济增长是有利的。但当房地产投资过度膨胀，商品房严重滞销，造成还贷困难，连带引起金融危机时，也会形成价格的剧跌。

三、房地产泡沫的成因

一般认为，房地产能成为泡沫的载体，主要是由它的资产物理特征、经济特征和市场环境决定的，其主要原因如下。

（一）土地资源稀缺、供给弹性小

众所周知，土地是一切经济活动的载体，而土地的最大经济特征就是稀缺性，与其他生产要素相比，土地的供给弹性最小。土地供给的稀缺性、垄断性与土地需求的多样性及投机性，必然会导致土地价格的上扬，从而使房地产价格偏离资产的实际价值，为泡沫的生成提供了基础条件。

（二）信息不对称

与任何市场一样，房地产市场环境的变化是永恒的，各种因素的动态变化，会引起房地产市场的相应变化。房地产的独特性及其供给的垄断性，容易导致供给方和需求方的信息不对称。在信息不对称的情况下，投资者很难对市场的真实价值做出准确判断，加之房地产的开发建设周期长，供给变化滞后于需求变化，过度炒作又导致投资者高估未来收益，从而加快泡沫的生成。

（三）逆向选择和道德风险

房地产是一个资本密集型产业，其发展离不开金融业的支持。但是，在金融体制不健全的情况下，信息不对称会给银行带来逆向选择问题，使那些冒险精神强、信誉差、最有可能造成不利（逆向）结果的借款人获得贷款，从而给银行带来信用风险。此外，银行体制不健全，盲目地追求市场份额、信贷规模，忽略对借款企业或个人资信的审查和跟踪调查，往往会低估投资项目潜在的风险。这种道德风险在房地产价格上扬、抵押物市值不断攀升时常常被忽视，大量银行资金的介入，会加快资产价格的膨胀和泡沫的产生。

（四）政府干预失误

由于以住宅为主的房地产具有投资品和消费品的双重特性，因此，相对于其他市场，政府对房地产市场有更多的干预。干预方式除城市规划、土地政策、利率政策和税收政策鼓励与引导企业和个体投资外，还包括政府以直接投资或转移支付方式等介入房地产市场。但是，市场不是万能的，政府的干预也不总是成功的，往往有正、负两面的效应。如果政府片面追求短期政治目标、经济目标，不可避免会导致干预的失误。

四、房地产泡沫的形成过程——基于心理预期论的分析

（一）心理预期论与房地产市场主体的决策

房地产商品生产周期长、消费时间久、价值量大等特点，决定了无论是房

地产需求方的购买决策还是房地产供给方的开发、销售决策都会受到对相关因素未来变化的预期的影响，包括对宏观经济走势、居民收入水平、通货膨胀水平、利率水平及其变动、政府相关政策变动等内容的预期以及由此产生的对房地产价格变动的预期。

对房地产需求方来说，需求结构不同，预期因素的影响程度和影响方式也有所区别。对于生产经营性的房地产而言，预期因素的影响主要表现在对未来经济发展趋势的预测，如果人们对未来经济发展看好，那么对房地产的需求就会上升，反之则会下降。对于消费性房地产而言，预期因素的影响主要表现为对未来房地产价格走势的预期，如果人们预期未来房地产价格下降，则此时即使价格已经比较低或已经出现较大跌幅，房地产需求仍会下降；相反，如果人们预期未来价格会上升，即使房地产价格已经比较高或者已经有了较大的涨幅，房地产需求仍会增加。对投资（投机）性需求而言，在追求资产保值增值的动力下，其需求变化受对未来房地产价格波动的预期的影响更大。

对房地产供给方来说，对房地产市场未来走势的预期，将对当期和未来时期的房地产供给水平和供给结构产生重要影响。如果人们预期房地产经济总体水平继续上升，那么房地产的投资开发总量就会增加；相反，如果人们预期房地产经济总体将出现调整或上升的势头减缓，那么房地产的投资开发总量的增幅也会相应减少。

（二）预期的正反馈作用机制

一般而言，当市场主体对房地产价格走势形成共同预期时，预期的正反馈作用机制发挥作用。

当预期价格将进一步上升时，无论是消费者、投资者还是投机者都会将购买行为提前，以减少费用或降低投资成本，从而把握投资、套利的机会。而购买行为的提前无疑又会增加当期市场的需求，加剧当期市场供不应求的紧张关系，促使当期价格上涨，价格的上涨实现了各市场主体的前期预期，也坚定了各市场主体本期的预期，也会吸引更多的投资者或投机者参加进来，导致需求的增加，进一步推动价格的上升，如此循环，则价格在不断验证不断加强的预期下不断上升，直至价格高到消费者无法承受、退出市场，投资者和投机者的预期发生转向。

相反，当市场主体预期价格将进一步下跌时，投资者和部分投机者会紧急出售，这就增加了市场上的供给，使得供大于求的市场更加低迷，而价格的下跌，将使消费者产生价格将进一步下跌的预期，促使消费者推迟购买行为，这又会减少当期的需求，从而使当期供大于求的矛盾更加突出，价格会出现继续下跌，如此循环，则价格在不断验证不断加强的预期下不断下跌，直至经济或市场形势好转。

（三）房地产泡沫的生命周期

1. 房地产泡沫的产生

在某种特殊因素影响下，市场出现短期供不应求时，受房地产价格弹性机制作用，将会引发房价的短期上涨。出现初始价格上涨后，受预期的正反馈作用机制影响，更多的人加入投资者或消费者行列，进一步加大供需矛盾；仍受到房地产价格弹性机制的作用，将会引发房价进一步上涨。在购房者中，投资比例开始上升甚至出现少量投机群体，房价开始脱离其基础价值，房产泡沫开始产生。房产价格的高涨，也提升了开发商对未来房地产开发利润的预期，土地资源的有限性使得土地市场上竞争异常激烈，地价伴随着房价迅速上升并作为房价的成本因素稳定已经上涨了的房价，在此基础上推动下一轮房价的上升，继而又引起地价的上升。如此相互推动，房价和地价都迅速攀升，并开始脱离其由经济发展水平决定的基础价值，房产、地产泡沫相伴而生。同时，信用媒介对需求方购买力的放大作用给房地产价格的持续上涨提供了资金基础，助长和加快房地产泡沫的发展和膨胀。

2. 房地产泡沫的膨胀

随着房价和地价的上涨，在房地产价格弹性机制、预期的正反馈机制以及泡沫自我膨胀的机制作用之下，投资和投机需求加速上升，房地产供给也随之加速上升，但继续存在的供需差距，使得房价和地价继续加速上涨，进一步与其内在价值脱离，泡沫迅速膨胀并蔓延，从中心城区个别种类的房地产市场蔓延至城市外围的各类房地产市场，从三级市场蔓延到一、二级市场，各分市场价格全面上涨。同时，由于购买力和开发结构方面的原因，部分地段三级市场投资投机价值开始凸显，更多的人开始介入房地产投资。投资和投机者套利预期自我强化，泡沫迅速膨胀扩大，并继续发展。

这里，泡沫自我膨胀机制是指在银行信贷的参与下，房地产价格上升之后，房地产资产拥有人对未来房价进一步上涨做出预期，促使其将房地产抵押给银行，获得贷款之后继续购买房地产，如此往复循环；同时，由于"羊群效应"和从众行为的作用，促使更多投资者和投机者进入市场，房价上涨也使得有购买力和潜在意愿的真实消费者提早购房，大量资金投入房地产市场中，从而进一步加大供需矛盾。

3. 房地产泡沫的持续和发展

房地产销售市场上的火爆以及房地产价格持续上涨，会使开发商预期行业发展黄金时期的到来，开始竞相购买和储备土地，开发投资额、开发面积和施工面积等指标迅速增长，竣工面积也迅速增加；同时，更多的本地和外地乃至境外的消费者、投资者和投机者进入市场，需求同步增长。经过几个供应周期后，市场供应能力大大提高，供需矛盾逐步缓解，价格上涨速度和幅度开始减缓和减小，甚至个别市场上的个别类型房地产的价格出现回落。

4.房地产泡沫的吸收或破裂

随着房地产投资和开发过热的进一步发展，房地产开发周期的滞后效应逐渐显现，开始出现供给大于需求的现象。房地产价格上涨的幅度和速度进一步减小和减缓，局部地区还可能出现下降，投资者对市场的预期也开始出现变化，市场上开始出现非自住房地产投资者的抛售现象，进一步加大市场上的供给。而在需求方面，由于投资者预期的改变，投资需求逐渐减少，价格的高昂也抑制了一部分自住消费需求。供过于求的矛盾进一步扩大，房地产投资风险进一步加大，政府和金融部门加大市场调控力度，房地产泡沫被吸收或者走向破裂。

泡沫是被稳定地吸收还是走向破裂，取决于泡沫膨胀的大小、严重程度以及政府和金融部门的调控方式和力度。如果政府及有关部门能够稳步压缩土地供应量、调整开发结构、提高居民可支配收入，同时增加市场需求，缩小供需差距，加大基础设施建设力度，改善社区环境，提高房地产的内在价值，则房地产泡沫能够被缓步吸收。但是，若在泡沫膨胀到相当程度、市场上投资和投机比例较大的情况下，政府出台降低居民现实购买力的紧缩银根政策来打压需求，则泡沫很可能会因为供需矛盾的急剧扩大而破裂，导致房地产市场的快速萧条。

第四节　房地产泡沫的预警与防范

一、房地产泡沫的预警

判断房地产市场出现过热与过度投机，是否有可能产生房地产泡沫，比较简便的方法有以下几种。

（一）检验房地产投资收益率是否太高

房地产投资收益率即持有期房地产租金加上房地产卖出后的价差利润再除以房地产购入价。如果收益率过高，将吸引更多投资（投机）者加入市场，推波助澜，哄抬地价。

（二）检验房地产的转手率或成交额

房地产的转手率可以通过房地产交易中心监测，短期内转手率高，说明炒卖严重，存在过度投机。房地产成交额非正常显著放大，说明房地产交易过于活跃，其中肯定存在不以房地产使用为目的的投机和转手交易。

（三）估算房地产的理论价格

理论价格可以通过市场租金以正常收益率资本化来估算。如果市场价格过分超过理论地价，则可判断存在泡沫。

（四）分析房地产投资是否过度

房地产价格产生泡沫时，开发商收益将提高，这样会诱使开发商进一步扩大投资，最终造成生产过剩。因此房地产产业投资额超常规增长可能意味着房地产投资过度。

（五）监测开发商的施工进度和销售进度

在房地产投机热中，开发商有意放慢施工和销售进度，想待价而沽。因此许多开发商持有土地后，迟迟不肯动工，或者动工后施工进度特别缓慢。出现这些情况时，除非开发商陷入了资金短缺、技术困难等困境，否则市场极有可能已经出现泡沫。

二、房地产泡沫的防范

国内外房地产市场均曾出现过度投机与泡沫化现象，其引起房地产业的异常波动。为防范房地产泡沫的产生，使房地产业能稳定、健康、有序地发展，国家一般从以下几方面着手。

（一）实时监测与调控房地产价格

第一，建立城市基准地价与公示地价制度，编制并定期发布地价指数、各类房地产价格指数，以之作为市场交易的参考与"道义劝告"。

第二，对商品房预售要做严格审查。凡未投入一定量资金、施工进度未达一定要求的开发公司不得预售"楼花"，以防止开发商以预售为名进行土地投机。

第三，规范房地产融资。在房地产抵押贷款中，金融机构发放贷款时，应根据保守、确实、安全的原则来评估抵押标的物的抵押价值，并严格审查，以避免呆账、坏账损失与信贷膨胀，对于住房的抵押贷款，实行首套住房和非首套住房的区别信贷政策，以抑制投机，确保住房市场平稳。

第四，利用货币金融政策调控房地产市场。当房地产市场出现过热时，政府可以通过提高利率、紧缩信贷额、提高购房首次付款比率等货币政策来调整房地产投资总额与投资结构，以保证房地产市场比较稳定地发展。

第五，完善房地产交易价格评估制度与成交价格申报制度。监管部门及时掌握每一宗房地产成交价格情况，建立房地产价格信息库。

第六，政府适时发出警告，公告有关市场信息，加强对投资者市场风险的宣传，调整市场情绪，改变、更正大众的信心与预期状态，使市场参与者变得冷静、理性，尽量化解群体行为的非理性。

（二）设计合理、严密的房地产税制

第一，对土地空（闲）置征税，以鼓励持有人积极投资开发，提高囤积投机的成本。政府对可利用而逾期尚未利用，或做低度利用的建设用地课征空地税；对低度利用或未利用的农地征荒地税。

第二，征收土地增值税。土地增值税征收可分为两种，即对土地移转时的增值部分（资本收益）征税和持有期定期征税。相关部门在土地持有期间每隔一定时间评估地价，对增加的地价征税。土地增值税能有效地抑制土地投机，且能将由社会引起的土地增值通过增值税的形式部分返还社会，体现社会公正。

第三，合理设置房地产流转税和房地产保有税。房地产流转税和房地产保有税对房地产市场的投机均有不同程度的抑制作用。视市场情况，适时调整税基和税率，是防范泡沫的有效手段之一。

参考文献

[1] 鲜颖，何一舟，刘泽汀．房地产经济学 [M].长沙：湖南师范大学出版社，2018.

[2] 杜冰，薛立．城市与房地产经济学 [M].大连：大连理工大学出版社，2018.

[3] 吴洋滨，傅巧玲，蒲嘉霖．房地产统计 [M].北京：中国轻工业出版社，2018.

[4] 冯煦明．经济学的尺度 [M].广州：广东经济出版社，2018.

[5] 马歆，郭福利，王文彬．循环经济理论与实践 [M].北京：中国经济出版社，2018.

[6] 董藩，丁宏，陶斐斐．房地产经济学 [M].2 版．北京：清华大学出版社，2017.

[7] 董藩，李英．房地产金融 [M].沈阳：东北财经大学出版社，2017.

[8] 董藩．房地产的解释 [M].厦门：鹭江出版社，2017.

[9] 贾康．中国住房制度与房地产税改革 [M].北京：企业管理出版社，2017.

[10] 权衡．收入分配经济学 [M].上海：上海人民出版社，2017.

[11] 王涛．中国商业银行信用风险估算与防范研究：基于房地产价格调整的视角 [M].北京：中国经济出版社，2017.

[12] 刘娜，黑敬祥，贺海宏.房地产基本制度与政策（含估价相关知识）考点精析及模拟题库 [M].北京：机械工业出版社，2017.

[13] 张雪玉.房地产经济学 [M].沈阳：东北财经大学出版社，2016.

[14] 苏丽莉.房地产经济学 [M].北京：北京理工大学出版社，2016.

[15] 唐永忠.房地产经济学知识讲解与热点点评 [M].北京：北京交通大学出版社，2016.

[16] 赵艳霞，张晓凤，蔡文柳.房地产经济学 [M].哈尔滨：哈尔滨工程大学出版社，2016.

[17] 张永岳，陈伯庚，孙斌艺.房地产经济学 [M].3 版.北京：高等教育出版社，2016.

[18] 陈龙乾，周天建，张婷.房地产经营与管理 [M].徐州：中国矿业大学出版社，2016.

[19] 张智.中国房地产发展与预测 [M].天津：天津社会科学院出版社，2016.

[20] 张姝，万婷，刘一虹.房地产经济学 [M].北京：中国轻工业出版社，2015.

[21] 钱瑛瑛，唐代中.房地产经济学 [M].上海：同济大学出版社，2015.

[22] 谭术魁，李悦.房地产开发与经营 [M].上海：复旦大学出版社，2015.

[23] 李长花，王艳丽，段宗志.工程经济学 [M].武汉：武汉大学出版社，2015.

[24] 姚玲珍.房地产经济学 [M].北京：中国建筑工业出版社，2019.

[25] 蔡真.房地产金融 [M].广州：广东经济出版社，2019.

[26] 张倩 . 城市规划视野下的城市经济学 [M]. 南京：东南大学出版社，2019.

[27] 王桂军，王国军 . 商业地产与地产商业十年实战经验谈 [M]. 北京：光明日报出版社，2019.

[28] 马玉荣 . 高端经济访谈 [M]. 北京：中国发展出版社，2019.

[29] 张文洲 . 房地产经济学 [M]. 武汉：武汉理工大学出版社，2020.

[30] 张洪力 . 房地产经济学 [M].2 版 . 北京：机械工业出版社，2020.

[31] 华子 . 经济的本质 [M]. 北京：北京理工大学出版社，2020.

[32] 张明 . 中国宏观经济分析 [M]. 北京：东方出版社，2020.

[33] 何芳 . 土地经济与利用 [M]. 上海：同济大学出版社，2020.

[34] 栾振芳 . 经济常识从入门到精通 [M]. 成都：四川人民出版社，2020.

[35] 郑新妹 . 现代房地产经济学研究与问题透视 [M]. 北京：北京工业大学出版社，2021.